Herbert Tichy

Traumland Kenia

Herbert Tichy

TRAUMLAND KENIA

Mit 107 Farbaufnahmen und
Übersichtskarten

Pinguin-Verlag, Innsbruck
Umschau-Verlag, Frankfurt/Main

Der besondere Dank des Verlages gilt
Mag. Andreas Erhard
für seine maßgebliche Mitarbeit an diesem Werk sowie
Hans Senger und Günter Wabnig für ihre Beratung

Zweite, ergänzte Auflage 1980

Druck und Bindung: Verlagsanstalt Tyrolia, Innsbruck
Lithos: Wagner'sche Univ.-Buchdruckerei, Innsbruck
Gedruckt auf Europrint von Borregaard, Hallein
Printed in Austria
ISBN 3-524-76008-2

Inhalt

Seite 7

Kenia erlebt

Herbert Tichy

Seite 35

Aus der Geschichte Kenias

Andreas Erhard

Seite 64

Uhuru – eine Generation danach

Andreas Erhard

Seite 75

Nationalparks und -Reservate

Andreas Erhard – Prof. Dr. W. Engelhardt

Bemerkungen zur derzeitigen Lage – Nationalparks (N.P.) – National-Reservate (N.R.) – Der Wildbestand Kenias

Seite 122

Landschaften und Pflanzenkleid

Andreas Erhard

Die Savannenlandschaften – Die Hochländer – Die Hochgebirge – Die Küstenbereiche Kenias

Seite 147

Mount Kenia

Otti Wiedmann

Allgemeines und Erschließung – Die Mount-Kenia-Besteigung – Abenteuer SO-Wand – Die Bergung, die alle normalen Maßstäbe sprengte

Seite 156

Kenias Unterwasserwelt

J. P. Berkemann

Seite 160

Großfischfang an Kenias Küste

Klaus C. Drabert

Seite 162

Kam der Mensch aus Kenia?

Prof. Dr. Egon Reuter

Seite 164

Vorkommen von Edelsteinen

Prof. Dr. Hermann Bank

Seite 173

Sachwortregister

Kenia erlebt

Es war ein Zufall oder eigentlich mehrere Zufälle, die mich nach Kenia brachten. 1953 packte ich gerade meine Koffer für eine Expedition in den Himalaja. Das bisher verschlossene Königreich Nepal war für Fremde geöffnet worden, und ich hatte von Kathmandu die Erlaubnis bekommen, einige Monate durch das westliche Nepal zu ziehen. Es war mein letzter Tag in Wien, am Abend würde ich abfliegen. Damals rief Joy an und sagte: „Hier spricht Joy, wie geht es dir?" Sie sagte es auf Englisch, und ich hatte keine Ahnung, wer Joy sein könnte. Ich hatte sie vor fünfzehn Jahren unter ihrem österreichischen Namen gekannt. Inzwischen war sie nach Afrika gegangen und hatte dort einen Engländer namens George Adamson geheiratet.

Die beiden waren mit ihrem Landrover quer durch die Sahara auf einen Europaurlaub gekommen. Während ich die letzten Dinge in den Koffer stopfte, besuchten sie mich: George sei Game Warden in Kenia, das Leben dort sei herrlich, ich könnte sie einmal besuchen. Dann flog ich nach Nepal.

Ein paar Jahre später wollte ich wieder in den Himalaja, um dort dem Yeti, dem sagenhaften Schneemenschen, auf seine Schliche zu kommen. Mein Plan schien gut fundiert: mein Sherpafreund Pasang hatte geschrieben, er wisse in der Umgebung des Mount Everest eine gute Yeti-Lokalität. Ich besaß die Erlaubnis der nepalesischen Regierung für dieses Unternehmen, und eine Illustrierte war bereit, es zu finanzieren. Alles war in Ordnung, da verstaatlichte Kathmandu plötzlich den Yeti. Alle Entdeckungen über ihn, ob in Bild oder Wort, müßten der Regierung übergeben werden und blieben auch ihr Eigentum.

So schrieb ich an Joy und George: ich hätte ein freies Jahr vor mir; glaubten sie, daß Kenia für meine Beschäftigung – Fotografieren und Schreiben – ein geeignetes Land sei? Sie antworteten, Kenia sei ein großartiges Land und ich solle doch gleich kommen. Übrigens würde ich einen putzigen Hausgenossen vorfinden, ein Löwenbaby namens Elsa. Ich flog also zu den Adamsons und lebte ein Jahr in Kenia.

Inzwischen sind die Adamsons und Elsa weltbekannt geworden. Joy Adamsons Bücher – Born Free – Forever Free – sind in dreiunddreißig Sprachen übersetzt und von Millionen gelesen worden. Ein ausgezeichneter Film zeigt, wie Elsa, zwischen ihren menschlichen Zieheltern und den wilden Löwen pendelnd, vom Baby zur stolzen Mutter wird. George hat in seinem Buch „Safari meines Lebens" von seinen Abenteuern und Erfahrungen vieler Jahre in Afrika erzählt.

Ich kann dem nichts hinzufügen. Ich kann nur ein paar Episoden aus der Zeit erzählen, die ich mit den Adamsons und Elsa verbringen durfte. Ich sage mit Absicht „durfte", denn ich war mir bewußt, daß ich Kenia kein zweitesmal so ursprünglich und nahe erleben würde. Georges Beruf waren die Tiere, und was er über das Wild Afrikas nicht wußte, war nicht wert, gewußt zu werden. Joy eröffnete neue Möglichkeiten des Zusammenlebens zwischen Mensch und Tier. Die beiden vermittelten mir viele Eindrücke und Erkenntnisse, die man nicht kaufen und mit keiner Safari organisieren kann.

Seither war ich noch einige Male in Kenia. Es war inzwischen als Touristenparadies entdeckt und entwickelt worden. Kaum ein anderes Land der Welt kann es mit den Naturschönheiten Kenias aufnehmen: Strand, tropisches Unterwasserleben, Buschwald, Steppe, Wüste, vergletscherte Berge und vor allem Tiere und nochmals Tiere.

In diesem Buch schreiben Fachleute über ihr Sachgebiet – Fische, Blumen, Minerale, Berge und vieles mehr. Mein Beitrag ist weniger sachlich. Er ist mehr ein Mosaik der Erinnerungen an Menschen und Tiere. Sie zeigen meist das Kenia, wie es zur Zeit meines ersten Besuches war, und zwanzig Jahre sind in dem raschlebigen Afrika eine lange Zeit. Aber man kann ein Land, seine Menschen und die Beweggründe ihres Handelns vielleicht besser verstehen, wenn man seine Vergangenheit kennt. Auch wenn sie nur zwei Jahrzehnte zurückliegt und durch persönliche Eindrücke geschildert wird.

Es ist keine makabre Vorliebe für Gewalt und Veränderung von mir, wenn ich den Aufenthalt in Ländern, wo die Herrschaft gerade in neue Hände übergeht, besonders schätze. In China sah ich (1941–1948), wie Tschiang Kai-schek dem aus Yenan kommenden Mao Tse-tung weichen mußte. In Kenia wußten die Engländer, daß sie die Regierungsgewalt bald in schwarze Hände legen würden, und die Afrikaner betrachteten ihre früheren Herren schon als noch geduldete Gäste. Diese Zwischenzeiten zeigen die Akteure der Macht offener und ehrlicher, als sie sich sonst geben. Sind die Abtretenden gute Verlierer? Sehen sie die Fehler, die sie während ihrer Herrschaft gemacht haben? Sind die neuen Herren maßvoll oder rachsüchtig? Versprechen sie Utopien oder bleiben sie auf dem Boden des Möglichen? Wie „im Weine die Wahrheit“ liegen soll, zeigt oft auch ein Machtwechsel das wahre Gesicht.

Die Engländer strebten in ihren Kolonien meist eine indirekte Herrschaft an und wollten die Eingeborenen zur Selbstverwaltung innerhalb des Commonwealth erziehen. In Kenia scheinen sie dieses Ziel weitgehend erreicht zu haben, denn das Land besitzt wohl die stabilste Regierung unter den neuen afrikanischen Staaten.

Die Engländer, die ich 1957 kennenlernte, standen auf einem schon abgeschriebenen Vorposten des Empires und wußten es. Man hätte annehmen können, daß sie die resignierte Verbitterung eines langjährigen Beamten zeigen würden, dessen Dienststelle wegen fälliger Reformen aufgelöst wird. Nichts von dem war der Fall. Sie waren alle fröhliche Burschen, manche schienen der Welt Rudyard Kiplings zu entstammen, aber sie fühlten sich in der harten Wirklichkeit wohl.

Da war zum Beispiel W'ouse, der richtig Whitehouse hieß, aber gleich zu mir sagte: „Nenn mich W'ouse, so nennen mich alle.“ Er sah aus wie ein junger Gerhart Hauptmann und hatte eine der schwerst zu heilenden Krankheiten Kenias hinter sich, die Masaiitis. Die Masai, ein im Süden des Landes lebender Hirtenstamm, erwiesen sich als seltsame, fast anachronistische Verächter des zivilisatorischen Fortschritts. Gegen jede sachliche Erkenntnis und gegen den allgemeinen Trend ihres Kontinents suchen sie ihr altes Stammesleben aufrechtzuerhalten. Nicht weil sie geistig träge sind, ihre große Selbstsicherheit läßt sie so handeln. Obwohl sie tapfere Krieger waren, haben sie in den beiden Weltkriegen nicht einen Soldaten gestellt (im Ersten Weltkrieg kämpften auf alliierter Seite 200.000 Afrikaner, im Zweiten waren es 500.000). Damals nahmen die Masai nur selten Dienste bei weißen Herren. Sie selbst waren Herren.

Ihr großer Stolz und ihre einzige Leidenschaft sind Rinder, wobei die Qualität der Tiere eine geringere Rolle spielt als die Anzahl. Sie schlachten ihre Tiere nicht, sondern ernähren sich hauptsächlich von einem Gemisch aus Blut und Milch. Sie schießen dem Tier einen hohlen Pfeil in die Hauptschlagader und zapfen etwas Blut ab. Die Tiere überleben diesen Eingriff ohne Beschwerde. Viele Masai sind geschlechtskrank, was ihr stolzes Aussehen nicht beeinträchtigt, wohl aber die Fruchtbarkeit ihrer Frauen. So heiraten die Masaimänner häufig Mädchen benachbarter Stämme – Tschagga und Kikuyu. Die niedrigen Lehmhütten sind verschmutzt und von Fliegenschwärmen überschattet.

Diese Beschreibung der Masai klingt nicht gerade überschwenglich, trotzdem mußten viele weiße Beamte, die bei ihnen stationiert waren, bald versetzt werden, denn sie erkrankten an Masaiitis. Sie verloren ihre Objektivität, versuchten die oft eigenwilligen Wünsche der Masai gegen die Regierung

---

→

Masai-Jüngling aus dem Bereich von Lemek, im District von Narok, in der Periode der Mannbarkeitsriten

in Nairobi durchzusetzen und würden, so sagte man, wenn sie nicht rechtzeitig herausgeholt wurden, eines Tages mit Speer und halbnackt durch die Steppe wandern.
W'ouse, ein eher empfindsamer Typ, hatte als D.C. – District Commissioner – bei den Masai gearbeitet und war von einer besonders schlimmen Masaiitis heimgesucht worden. Deshalb wurde er in ein ethnologisch grundverschiedenes Gebiet versetzt, zu den Turkana an der Grenze gegen Äthiopien. Dort lernte ich ihn kennen, und er erzählte mir stundenlang von „seinen" Masai. Trotzdem war unverkennbar, daß er drauf und dran war, einer neuen Krankheit zu verfallen oder sie wenigstens zu erfinden – die Turkanaitis. Sicher besitzen die Turkana große Qualitäten. Völlig nackt, ohne Proviant, nur mit einem Speer und vielleicht einem Rundmesser (das wie ein tödliches Armband ständig festgeschmiedet um das Handgelenk getragen wird) bewaffnet, sind sie durch eine Landschaft unterwegs, die – was Vegetation und Tierreichtum betrifft – gebietsweise an die Mondoberfläche erinnert. Trotzdem schienen sie mir kaum Menschen, die man unbedingt lieben und derentwillen man seine fünf Sinne verlieren muß. Aber W'ouse war der alte Typ des britischen Kolonialbeamten – nicht der Vertreter eines Systems, sondern ein Eigenbrötler, der seine Liebe an die Weite Afrikas und seine Bewohner gehängt hatte.
Am Rudolfsee – ich werde noch ausgiebig von diesem See erzählen – trafen wir den P.C. des N.F.D. Ähnlich wie die Armee liebte auch die Verwaltung für Außenstehende schwer verständliche Abkürzungen. Die angeführten Buchstaben bedeuten in gewöhnliche Sprache übersetzt: Provincial Commissioner des Northern Frontier District, eines wüstenartigen Gebietes etwa dreimal so groß wie Österreich. Der P.C. – auch von ihm wird noch die Rede sein – hieß Noel Kennaway. Noel und W'ouse hatten Jahrzehnte ihres Lebens in Afrika verbracht, und wenn sie ins Plaudern kamen, glaubte man Kipling oder Somerset Maugham erzählen zu hören.
„Weißt du schon", fragte W'ouse, „daß das Schachspiel zwischen Tom und John zu Ende ist? Nicht weil sie zu alt geworden sind, aber der Läufer ist gestorben, an Übermüdung."
Noel lachte, und W'ouse erklärte auf meinen fragenden Blick: zwei hier in der Einsamkeit stationierte D.Cs., etwa 60 Kilometer voneinander entfernt lebend, hatten ihre gemeinsame Leidenschaft für das Schachspiel entdeckt. Da sie sich – die Geschichte hatte vor der Zeit des Jeep begonnen – nicht oft sehen konnten, führten sie ihr Spiel schriftlich durch und stellten einen eigenen Schachläufer an. Der war ständig beschäftigt und lief oder ging die 60 Kilometer zwischen den beiden hin und her und überbrachte die Nachricht mit dem letzten Schachzug. So spielten die beiden Jahre hindurch. Ich konnte sie mir gut vorstellen in ihrer großen Einsamkeit, auf den Schritt des Läufers wartend und den nächsten Zug überlegend.
Bei den Anekdoten, die Noel und W'ouse zu erzählen wußten, kamen die weißen Bwanas nicht immer gut weg. So hatte es vor einigen Jahren einen Charles gegeben, wie Noel ein P.C., aber nicht leutselig wie Noel und sich der schwindenden Bedeutung seines Amtes bewußt, sondern erfüllt von der Würde und Bürde des weißen Mannes im Schwarzen Erdteil. Noel, damals ein D.C., sollte ihn durch ein geographisch wenig bekanntes Gebiet bringen und hatte einen eingeborenen Führer mit sich. Der P.C., ein großer Geograph, bestimmte mit seinem Kompaß die Route. Der Führer wurde unruhig und knurrte: „Der alte Narr soll zur Hölle gehen, er versteht nichts!" Er verwendete zu dieser Feststellung einen lokalen Dialekt, den der P.C. nicht verstand. „Was sagt er?" wollte er wissen. „Er sagt mit aller ihm zustehenden Unterwürfigkeit", übersetzte Noel, „der große Bwana hat natürlich recht, aber sein Weg bietet mehr Schatten." Sie gingen den schattigeren und einzig

richtigen Weg, und die Würde des Empires blieb gewahrt.
Die meisten Gespräche drehten sich um Tiere. Vor einer gemeinsamen Mahlzeit oder vor einem langen Abend brauchte man nie um ein Gesprächsthema bangen – unfehlbar lieferten es Tier- und Jagderlebnisse.
Einmal saß mir bei einer Einladung ein kleiner schmächtiger Mann gegenüber, der anfangs recht schweigsam war, aber nach einigen Whiskys an Redseligkeit gewann. Wenn er nach dem Glase griff, bewegte er sich etwas linkisch. Rheumatismus oder Kinderlähmung, versuchte ich zu raten. Nein, falsch – ein Leopard war schuld daran. Gilbert, so hieß der Mann, ist vielleicht der einzige Mensch, der einen Leoparden mit bloßen Händen getötet hat. Als White Hunter war er mit einem Klienten unterwegs und schoß einen Leoparden aus einem Baum. Er ließ sein Gewehr zurück und ging auf das tote Tier zu. „Wie ein Grünhorn", entschuldigte er die mühsame Bewegung seines Armes, „nur meine eigene Dummheit!" Das Tier war nämlich nicht tot, sondern sprang Gilbert an. Der hatte keine Waffe bei sich, nicht einmal ein Messer. Wäre der Klient ein erfahrener Jäger gewesen, hätte er Gilbert vielleicht helfen können, so stand er nur erstarrt; aber wie hätte er einen Schuß abfeuern können, Leopard und Mensch waren ein Knäuel. Gilbert schildert es so:
„Mit dem linken Arm suchte ich die Krallen und Zähne abzuwehren, das war schmerzhaft und ich spürte das Blut fließen. Dann drängte ich meine rechte Hand in das Maul des Tieres. Natürlich biß das Vieh zu, aber ich kam tiefer hinein und bekam die Zunge zu fassen. Ich stopfte sie in den Rachen hinein. So erwürgte ich den Leopard, aber es dauerte lange, bis er erstickt war. Ich hatte viel Blut verloren und war schwach. Das Ärgste ist halbwegs verheilt."
Die meisten unerklärlichen, oft märchenhaft klingenden Geschichten werden von Elefanten erzählt. Ein alter Bulle bedrohte ein Haus in Isiolo und mußte von George erschossen werden. Sein toter Körper, ein gewaltiger Berg von Fleisch, das hier rasch verwest, lag sozusagen im Vorgarten. Die Eingeborenen wurden aufgefordert, sich doch zu bedienen, und sie griffen reichlich zu, aber ein ausgewachsener Elefant war selbst für sie zuviel. Die kaum angenagten Knochen blieben zurück. Der Hausbesitzer wollte seinen Garten nicht mit Verwesungsgeruch erfüllt haben. Er kettete die Überreste an seinen Jeep und schleppte sie ein paar hundert Meter hinaus in den Busch. Hyänen und Geier würden die restliche Arbeit erledigen.
Am nächsten Morgen wollte er seinen Augen nicht trauen – das Schulterblatt des erlegten Tieres lag genau dort, von wo er es am Abend weggeschafft hatte. Die Spuren zeigten deutlich, daß ein anderer Elefant den Knochen im Busch aufgenommen und an die Stelle zurückgetragen hatte, wo der Bulle erschossen worden war. Sonst hatte er kein Unheil angestiftet, nicht einmal die von der Hausfrau liebevoll gepflegten Blumenbeete zertrampelt, eben nur den Knochen zurückgebracht. Eine unerklärliche Laune? Ein seltsames Gesetz des Elefantenlebens? Auch die Fachleute wußten keine Erklärung – „Elefanten sind eigenartige Tiere", meinte George.
Von der Legende der „Elefantenfriedhöfe" wollte kein Fachmann etwas wissen. Romantische Berichte behaupteten, alte Elefanten würden sich an bestimmte, schwer zugängliche Plätze zurückziehen, um dort den Tod zu erwarten. Diese Annahme wurde in manchen Romanen und Filmen mit großem Erfolg ausgewertet. „Es ist aber eine reine Erfindung", erklärte mir ein White Hunter, „wenn es solche Friedhöfe gäbe, hätte man sie längst entdeckt. Bei dem hohen Preis, den man heute für Elfenbein erzielt, wären diese Friedhöfe schon lange ausgeplündert. Aber es ist wahr, manche Elefanten ziehen sich in die Einsamkeit zurück, wenn sie das Ende kommen fühlen."
Und er erzählte mir, wie er einmal einen alten Bullen sterben sah. Der hatte sich von der Herde

Rechts – Masai-Moran (Krieger) aus dem Bereich von Lemek

Rechte Seite – Masai-Männer im Amboseli

Unten – Junge Samburu beim rituellen Tanz

schon seit längerer Zeit abgesondert und war zum Einzelgänger geworden. Der Jäger, der die notwendige Lizenz hatte, wollte ihn wegen seines reichen Elfenbeins schießen. Als er ihm, durch Büsche gedeckt, gegenüberstand, erkannte er, daß der alte Kämpe zu sterben bereit war. Vielleicht war es Neugier, vielleicht eine gewisse Demut dem Leben oder dem Tode gegenüber, die den Jäger nicht schießen, sondern beobachten ließ. Der Elefant stand unbeweglich wie ein gewaltiges Monument. Manchmal lief ein Zittern über seine rissige Haut, aber seine Beine blieben dem Boden verhaftet und der Rüssel hing bewegungslos zur Erde.

„Er wartete auf den Tod", erzählte der Jäger, „und ich wartete mit ihm. Es dauerte zwei Tage, für mich verlorene Tage. Dann, es war der Abend des zweiten Tages, war es so weit, das Tier wankte und fiel zur Seite. Dabei seufzte es – bei Gott, es seufzte – wie ein Mensch. Der Anprall seines Körpers gegen die harte Erde gab einen dumpfen Schall, aber das Seufzen schwebte darüber. Mit schußbereitem Gewehr ging ich näher heran, der Bulle war richtig tot. Es ist nicht angenehm, einen Elefanten sterben zu sehen, das macht sehr nachdenklich."

White Hunter und Game Warden, also Männer, die berufsmäßig viel mit Tieren zu tun haben, scheinen Elefanten für die „menschlichsten" Tiere zu halten, intelligenter als Gorillas, Paviane und andere Affen.

Terence Adamson, der Bruder von George, ist jedenfalls überzeugt, daß man mit Elefanten vernünftig reden kann, und ist wegen seiner Elefantengespräche berühmt – und gefürchtet – gewesen. Ich war mit ihm im Wald von Marsabit, wo er Game Warden war, unterwegs. Marsabit war Wildreservat, und die Elefanten, die hier ja geschützt wurden, zeigten sich nicht bösartig, aber durchaus alles andere als zutraulich. Am besten beschreibt man sie vielleicht als „selbstbewußt" und tat gut daran, ihnen nicht zu nahe zu kommen. Manchmal ließ sich das allerdings nicht vermeiden. Einmal fuhren Terence und ich in einem Jeep auf einem der Pfade, die durch den Buschwald gerodet waren. Es ging in steilen Kurven bergab, und plötzlich stand – in etwa zehn Meter Entfernung – ein Elefant vor uns. Er sah uns erstaunt und nicht gerade freundlich an. Der Pfad war so schmal und die Bäume standen so dicht, daß wir nicht um das Tier herumfahren konnten. Rückwärtsfahren war auch unmöglich, der Weg war zu steil und steinig. Wir mußten den Elefanten also dazu bewegen, uns den Weg freizugeben. In solchen Situationen das Horn zu betätigen, ist nicht ratsam, das könnte als Herausforderung gedeutet werden. Und ein Jeep wirkt lächerlich klein neben einem erwachsenen Elefanten.

Terence hatte nun seine eigene Methode entwickelt, um solche in seinem Beruf alltägliche Vorkommnisse zu lösen. Er stieg – allerdings das schußbereite Gewehr in der Hand – aus dem Wagen und ging ein paar Schritte auf das Tier zu. Dann blieb er stehen und begann auf den Elefanten einzureden. Er sagte – auf Englisch, nicht in einer der Eingeborenensprachen – etwa: „Du dummer, alter Kerl! Was machst du auf der Straße? Du gehörst in den Wald. Wirst du nicht gleich verschwinden! Glaubst du, wir können ewig hier warten?" Terence sprach mit lauter, leicht gekränkter Stimme. Der Elefant zuckte nervös mit den Ohren und schlenkerte unschlüssig mit dem Rüssel. So standen die beiden einander vielleicht zwei Minuten gegenüber. Terence immer überzeugender redend, der Elefant immer nervöser zukkend. Schließlich schüttelte das Tier verlegen den Kopf und verschwand im Wald. Terence startete den Wagen und sagte: „Ein sturer Bursche, hat sich lange bitten lassen."

Gelegentlich hat Terence zu großes Vertrauen in die Gutmütigkeit „seiner" Elefanten. Einmal grub er einen Brunnen und fand darin eines Morgens einen ausgewachsenen Bullen, der während der Nacht hineingefallen war. Die Aushebung war bereits so tief, daß der Gefangene sich aus eigener

Kraft nicht befreien konnte. Er erreichte mit dem Rüssel gerade den Rand des Brunnens, konnte sich aber die senkrechten Wände nicht hinaufturnen. Terence sah sich die Sache an und wußte einen Ausweg. Die schwarzen Arbeiter hatten schon eine Menge große Steine zum Ausmauern des Brunnens herbeigeschleppt, die ließ Terence vorsichtig in die Tiefe des Schachtes werfen. Der Boden füllte sich allmählich damit und stieg langsam höher. Der Elefant hob abwechselnd die Beine und stieg mit der wachsenden Steinschicht in die Höhe.

Dieses Rettungsmanöver dauerte einige Stunden, aber endlich konnte der Elefant mit einer gewaltigen Anstrengung den Rand des Brunnens erreichen. Die schwarzen Arbeiter machten sich schleunigst aus dem Staub – vielleicht waren ein paar Gesteinsbrocken dem Elefanten auf die Zehen gefallen und er war böser Laune. Terence dagegen war überzeugt, daß der Elefant die stundenlangen Rettungsbemühungen zu schätzen wisse, und hatte ihm gegenüber ein so reines Gewissen, daß er sich nicht entfernte, sondern, vielleicht eine Art Dank erwartend, redefreudig näherkam.

Die folgende Szene war – nicht für Terence, aber für die Zuschauer – spannend. Der Elefant benutzte die wiedergewonnene Freiheit nicht für eine rasche Flucht in den Wald, sondern blieb, nachdenklich auf Terence herunterschauend, stehen. Vielleicht war er sich nicht klar, was ihn stärker bewegte – der Zorn über eine unangenehme Nacht in dem Brunnen, der ihm wie eine bösartige Falle erscheinen mochte, oder die Dankbarkeit für die schließliche Rettung. Terence riß ihn mit lauter Stimme aus diesen Überlegungen und machte ihm den wahren Sachverhalt klar: das hier war keine Fallgrube, sondern sollte ein Brunnen werden, jetzt müsse man die Steine wieder mühsam herausholen, ein paar Tage zusätzlicher Arbeit, die er – der Elefant – durch seine Ungeschicklichkeit verursacht habe. Nun solle er doch vernünftig sein und endlich im Walde verschwinden. Die Undankbarkeit des Tieres ärgerte Terence dermaßen, daß er den letzten Ratschlag richtig brüllte, obwohl er sich sonst Elefanten gegenüber eines lehrhaften, höchstens rügenden Tons befleißigte. Der Missetäter war von diesem Zornesausbruch so beeindruckt, daß er ohne Widerrede in seinem Wald verschwand. Terence jedenfalls ist durch seine Elefantengespräche berühmt geworden. Die meisten seiner Freunde zogen es allerdings vor, ihnen aus einiger Entfernung zuzuhören.

Habe ich mit Terence Elefanten als – wenn auch schweigsame – Gesprächspartner kennengelernt, so erlebte ich mit seinem Bruder George Elefanten nicht mehr als Tiere der Steppe oder des Waldes, sondern als lebende Denkmäler der Vergangenheit, die an die Zeiten der großen Sümpfe und der riesigen Saurier erinnerten. Dieser Satz klingt hochtrabend und dramatisch, aber er vermittelt den Eindruck, den ich damals hatte. Ich werde jedoch besser erklären:

Ich lebte damals als Gast der Adamsons in ihrem Haus, das etwa sechs Kilometer außerhalb der Ortschaft Isiolo steht. George hatte mich auf eine kurze Dienstfahrt mitgenommen, jetzt war es Abend, und in wenigen Minuten würden wir zu Hause sein. Wir hingen unseren Gedanken nach, es war ein harmonischer, wenn auch heißer Tag gewesen und wir freuten uns auf den abendlichen Whisky. Plötzlich trat George so heftig auf das Bremspedal, daß ich aus meinen angenehmen Träumereien auffuhr. Eine Gruppe von Elefanten blockierte vor uns die Straße. George, der sein Leben zwischen den Tieren in der großen Einsamkeit Afrikas verbracht hatte, spricht nicht gerne unnötig. Er sagte nur „Damned, verdammt", und brachte den Wagen zum Stehen. Vielleicht dachte er daran, daß er als zuständiger Wildheger einen Elefanten würde schießen müssen. Während ihrer jährlichen Migration versammelten sich oft große Herden um Isiolo, wo sie die kümmerlichen Felder plünderten, Häuser umwarfen, Menschen töteten und anderen Unfug trieben. Es war dann Georges

Pflicht, sie zu vertreiben. Am besten geschah das, indem er einen Bullen schoß, die anderen Elefanten als sprichwörtlich kluge Tiere nahmen sich das so zu Herzen, daß sie auf die saftigen Maisfelder verzichteten und weiterzogen. Aber George tötete nicht gerne Tiere – er war ein Heger, kein Jäger. Vielleicht auch dachte George nicht daran, daß wieder einmal ein Elefant vorzeitig sterben müsse, sondern hatte nur „verdammt" gesagt, weil er durstig war und nach Hause wollte. Wenn er draufgängerisch gewesen wäre, hätte er an – oder richtiger: unter – die Elefanten heranfahren können, mit der Hoffnung, sie würden uns Platz machen. Aber sie sind manchmal sehr eigenwillig und können einen Landrover leicht umwerfen oder, wenn sie sich diese Mühe nicht machen wollen, die Passagiere herausholen. Im Gegensatz zu Terence hält George nicht viel von Gesprächen mit Elefanten, also warteten wir. Die Elefanten hatten es auch nicht eilig. Es wurde rasch dunkel und George sagte: „Versuchen wir die Leuchtpatronen." Die werden in einen klobigen Revolver geladen, fliegen etwa 100 Meter und leuchten dann in bengalischem Licht auf. Ihr Zweck ist es – zumindest wenn es keinen Krieg gibt und sie menschliche Körper als Ziele erkennbar machen sollen –, Tiere zu vertreiben. George zielte gut, und plötzlich flammte vor den Beinen der Elefanten ein rotes Licht auf. Es war jetzt schon dunkel und die Patrone – wie das Blitzlicht eines geschickten Fotografen – beleuchtete die Tiere von unten. Sie wurden karminrot und standen unbeweglich, nicht mehr Tiere der Gegenwart, sondern Zeugen der Vergangenheit – aber vielleicht schien das nur mir so. Für die Dauer des Raketenlichts sprachen George und ich kein Wort, wir starrten nur auf das Bild vor uns. George wahrscheinlich mit den Augen eines alten Afrikaners. Wenn die Tiere „stampeden" würden und in unsere Richtung kamen, mußte er den Wagen fahr- und fluchtbereit haben. Das Licht der Rakete ging zu Ende. Geblendet sahen wir die undeutlichen Silhouetten der Tiere, wie sie in den Buschwald zogen. Man hörte keinen Laut. Das ist das Erstaunliche an dem Gang der Elefanten. Die Tiere können sich, selbst wenn sie durch einen dichten Wald ziehen, wenn sie bemüht sind, erstaunlich leise bewegen. George schaltete die Scheinwerfer an und wir fuhren weiter. George murmelte noch einige „damned's" vor sich hin, denn er dachte darüber nach, ob er die Herde unblutig von Isiolo vertreiben könne. Die karminroten Elefanten hatte er vielleicht schon vergessen, für ihn waren sie eine alltägliche Verzögerung wie für uns in Europa eine hartnäckige rote Verkehrsampel.

Wenn ich an das Jahr in Kenia, das damals als Touristenparadies noch nicht entdeckt war, sondern sich anschickte, „Uhuru", die Freiheit, zu empfangen, zurückdenke, kommen so viele Erinnerungen, daß ich den Erlebnissen mit Elefanten nicht zu viel Raum geben soll. Nur von dem Sterben eines Bullen möchte ich noch erzählen. Wieder verwüstete eine Herde die Felder, und wieder sollte das Leittier geschossen werden.

Der Wildheger (diesmal nicht George), dem diese Aufgabe zufiel, ein eingeborener Jagdgehilfe mit schußbereitem Gewehr und ich mit der Kamera schlichen an die Herde heran. Es dauerte einige Zeit, bis der Heger den richtigen Platz für seinen Schuß fand. Auch er schätzte es nicht, Elefanten zu töten, aber das war nun einmal ein Teil seines Berufs und dafür wurde er bezahlt. Er schoß also und das Tier blieb unbeweglich stehen. Die Herde wurde unruhig und flüchtete. Zwei junge Bullen aber blieben zurück und drängten sich von beiden Seiten gegen das angeschossene Tier. Der Heger war ein guter Schütze, und es war anzunehmen,

---

←

Ziegenherde am Turkanasee. Die Ziege als äußerst genügsames Tier hält die trockene Hitze des Nordostens bei kargem Futterangebot besser aus als das Rind. Für die hier ansässigen Rendille, Turkana und Borana sind sie die wichtigsten Fleischlieferanten

daß er den Bullen nicht nur verwundet, sondern tödlich getroffen hatte. In einem so großen Körper braucht selbst der Tod einige Zeit, bevor er ihn voll auffüllt. Die jungen Bullen waren sogenannte „Askaris", Diener, Helfer oder Freunde des Anführers. Sie stemmten sich gegen seine ermattenden Seiten und suchten ihn vorwärtszuschieben. Einige Schritte gingen sie so zu dritt. Dann war das Leben des Leittieres zu Ende und es sackte zwischen den helfenden Körpern zu Boden. Die zwei Askaris standen verwirrt und – wie ich mir einbildete – traurig. Ihre Rüssel schlenkerten ungewiß und fragend – konnten sie noch helfen? Schließlich folgten sie der geflüchteten Herde. Tatsächlich – es macht immer wieder nachdenklich, einen Elefanten sterben zu sehen.

Doch genug jetzt von sterbenden Elefanten. Ich werde von einer Bootsfahrt im Norden Kenias erzählen, wo das Land zur Wüste und ein See zur freudigen Überraschung wird.

In Loiyangalani, einer kleinen Oase rund um eine warme Quelle, trafen wir die letzten Vorbereitungen für die Bootsfahrt auf dem Rudolfsee. Der See wurde 1888 – ein Jahr vor der Tragödie von Mayerling – von den Österreichern Graf Teleki und von Höhnel für die westliche Welt entdeckt und nach dem damaligen Kronprinzen Rudolf benannt (wurde in Turkanasee umgetauft). Selbst in dem mit Naturschönheiten so gesegneten Land wie Kenia bleibt er ein Anblick, den man nicht so leicht vergißt. Eine fast 300 Kilometer lange und bis zu 50 Kilometer breite blaugrüne Wasseroberfläche in einer vegetationslosen Mondlandschaft aus Sand und Lavagestein. Berüchtigt ist der See wegen seiner plötzlich einsetzenden Stürme, die das Essen im Freien unmöglich machen, weil sie auch ein gewichtiges Beefsteak vom Teller blasen. Nach der Entdeckung durch die Österreicher geriet der See wieder in Vergessenheit, bis ihm die Stürme zu weltweiter Berühmtheit verhalfen, indem sie die „Insel ohne Wiederkehr" schufen. Das ist die Süd- oder Von-Höhnel-Insel. Gegen Äthiopien im Norden gibt es noch die Mittel- und die Nordinsel. Aber das sind gewöhnliche Inseln ohne den Mythos des Geheimnisvollen.

1934 erforschte Vivian Fuchs – nach der Antarktisexpedition mit Edmund Hillary: Sir Vivian – den See und landete mit seinen Begleitern Martin und Dyson auf der Südinsel. Fuchs kehrte ans Festland zurück, die beiden anderen sollten eine Woche auf der Insel wissenschaftlich arbeiten. Sie kamen niemals zurück. Suchexpeditionen wurden durchgeführt, aber Stürme machten eine Landung auf der Insel unmöglich. Man fand keine Spuren von den Vermißten. Wahrscheinlich sind sie bei dem Versuch der Rückfahrt ertrunken, auch ein gutes Boot hat zwischen den Wellenbergen keine Chance.

1955 waren George und Joy Adamson die ersten, die die Insel wieder erreichten und nach einer Woche heil zurückkamen – nicht länger von einer „Insel ohne Wiederkehr". Sie fanden Spuren der beiden Vermißten – leere Flaschen und Konservendosen – und viele Kobras, Krokodile und wilde Schafe.

Während meines Aufenthaltes 1957 plante Noel Kennaway – P.C. N.F.D. – den See der Länge nach vom Süden nach Norden zu befahren. Bunny Sykes, der sich in der jungen Filmindustrie Kenias versuchte, stellte das Boot zur Verfügung. Noel gab die notwendige Regierungserlaubnis, indem er die Fahrt zu einer Dienstreise aufwertete. Ich wurde zu meiner großen Freude eingeladen, das Abenteuer mitzumachen. Mit einem Lastwagen schafften wir das Boot von der Küste quer durch Kenia zum See.

Noel, der die langwierige Anreise nicht mitmachte, sollte mit dem Flugzeug nach Loiyanga-

Abb. Seite 18/19 – Landschaft am Ostufer des Turkanasees. Vulkanisches Gestein beherrscht die ausgedörrten Ebenen. Im Hintergrund erheben sich zwei Vulkankegel, Zeugen des einst regen Vulkanismus im ostafrikanischen Grabenbruch

lani kommen. Bisher hatten wir recht formlos gelebt – eine kurze Hose und, wenn uns die zu heiß war, eben nackt. Jetzt kam der P.C., der immerhin ein Gebiet dreimal so groß wie Österreich verwaltete. Ich erinnerte mich an ein Abendessen im Dschungel zwischen Burma und Assam, zu dem mich der britische Resident einer weltentlegenen Ortschaft eingeladen hatte. Oft sah er monatelang keinen Weißen. Als ich aber abends kam, trug er ein Dinnerjackett, als säßen wir in seinem Londoner Klub. Da ich den P.C. damals nur oberflächlich kannte, zog ich Hemd und Tennisschuhe an, um ihn manierlich zu empfangen. Unsere Behausung war ein Schilfdach im Schatten von Palmen – im sonnendurchglühten Land des Rudolfsees eine paradiesische Oase.

Kaum hatte Noel das Dach erreicht, als er sich formlos auszog und ein Handtuch um die Hüfte wickelte. „Hier ist es arg heiß", sagte er, „wir wollen einen Drink nehmen. Warum trägst du übrigens ein Hemd?" Amtlich wurde er mit „Sir" angesprochen, und ich hätte eigentlich sagen müssen: „Ihretwegen, Sir", denn ich kannte ihn ja kaum. Aber die Zeit der Dinnerjacketts und Sirs hatte ebenso aufgehört wie die **Britisch-**Indiens oder **Britisch-**Burmas. Bald würde die britische Kolonie Kenia eine freie Republik sein. Noel mischte einen Drink, der zwar lauwarm, aber stark war. Neben dem Dach bildete eine Quelle einen kleinen Tümpel. Noel meinte: „Am besten, wir setzen uns ins Wasser, vielleicht ist es dort kühler." Es war der erste Cocktail, den ich nackt und bis zum Hals im Wasser sitzend getrunken habe.

Nur 15 Kilometer Seefläche trennen die Südinsel vom Festland. Es war schwer sich vorzustellen, daß dieser „Rutsch" von einer halben Stunde ein Wagnis darstellen konnte. Trotzdem wählten wir eine Zeit mäßigen Windes und bescheidener Wellen für unsere Überfahrt. In einer geschützten Bucht der Insel fanden wir einen angenehmen Ankerplatz und machten uns mit dem Eifer von Entdeckern an die Arbeit. Kobras und Krokodile – eine arge Plage für die Adamsons – machten uns kaum zu schaffen. Schlangen sahen wir keine, und mit den Krokodilen, die sich in annehmbarer Entfernung hielten, schlossen wir ein Gentlemen Agreement: sie bissen uns beim Schwimmen nicht und wir schossen nicht auf sie.

Noel und Bunny schlugen für die Erforschung der Insel eine Arbeitsteilung vor. Sie würden mit dem Boot der Küstenlinie folgen, ich sollte auf die Berge steigen. Die Berge waren nicht hoch, eher Hügel, aber sie bestanden aus scharfem Lavagestein, das unter der heißen Sonne vergessen hatte, daß es schon erstarrt war. Vielleicht würde ich auf einem Gipfel eine Steinpyramide finden, in der die beiden Engländer eine letzte Nachricht zurückgelassen hatten.

Aber erst am nächsten Tag fanden wir an der Nordküste – säuberlich zwischen zwei Felsen zusammengehäuft – Reste eines Lagers der Verschollenen. Konservendosen, die Sohle eines Tennisschuhs, Flaschen zum Sammeln von Insekten. Hier hatten sie gelagert. Was aber war dann mit ihnen geschehen? Waren sie auf der Rückfahrt zum Festland gekentert? Warum hatten sie die leeren Sammelflaschen zurückgelassen? Waren sie von Kobras gebissen, von Krokodilen gefressen worden? Wir fanden keine Antwort auf diese Fragen, sie werden wohl für immer ungelöst bleiben.

Wir entdeckten alte Reste von Eingeborenenhütten. Die Grundrisse der Bauten waren gut erkennbar, Berge von Fischgräten und Krokodilsknochen lagen dazwischen, primitive Tontöpfe waren zum Teil noch unzerbrochen. Wer hatte hier gelebt und wann? Heute ist die Insel unbewohnt. Wir sahen auch die berühmten Ziegen. Schon Fuchs berichtete von ihnen, die Adamsons waren ihnen begeg-

---

Abb. Seite 22 – El-Molo-Frau am Turkanasee beim Zubereiten eines Fisches

Abb. Seite 23 – El-Molo-Frauen und Kinder auf der Insel der El-Molo-Bay im Turkanasee, nördlich von Loiyangalani, im Hintergrund der Mt. Kulal mit einer Höhe von 2382 m

net und sie hatten George die Beruhigung gegeben, sie könnten notfalls lange Zeit ihr Leben auf der kahlen Insel fristen. Die Tiere waren nicht scheu, aber auch nicht zutraulich. Wir fotografierten sie mit einem Eifer, als wären sie Wundertiere und nicht gewöhnliche Ziegen. Wie waren sie hierhergekommen? War die Insel früher ein Teil des Festlandes gewesen? Hatten Eingeborene sie mit Booten hierhergebracht? Welche?

Vielleicht konnten die El Molo manche dieser Fragen beantworten. Sie sind die traurigsten und schweigsamsten Menschen, denen ich in Afrika begegnet bin. Sie leben, ein winziger Stamm, an der Küste des Sees, etwas nördlich von Loiyangalani. Während die anderen Eingeborenen, die gelegentlich an den See kommen, Hirten sind und während der feuchten Zeit mit ihren Herden in den Steppen umherwandern, bleiben die El Molo dem See treu. Ihr Häuptling, ein alter, würdevoller Mann, erklärt das so: „Die anderen haben Kühe und Weide. Wir haben Fische und Wasser. Es gibt mehr Fische im Wasser als Kühe auf der Weide."

Das klingt selbstzufrieden und selbstbewußt, aber der Häuptling hat, um die Würde des Stammes zu wahren, ein wenig übertrieben. Tatsächlich sind die El Molo Gefangene des Sees und ihrer Lebensweise. Sie haben kein Vieh, sie betreiben keinen Ackerbau, sie leben ausschließlich von Fischen und gelegentlich von einem Krokodil. Sie trinken das Wasser des Sees, das viele Mineralien enthält – aber durchaus genießbar ist, wir tranken es während unserer Fahrt oft unabgekocht ohne üble Folgen. Die El Molo machte ihre einseitige Ernährung zu rachitischen Menschen, deren Zähne Stummel sind und deren Gaumen blutet. Teleki zählte vor 90 Jahren 500 El Molo, Vivian Fuchs 1934 nur noch 84, sie schienen zum Aussterben verurteilt zu sein. Bei unserem Besuch waren es wieder 200 Seelen, und die Kinder machten einen gesunden Eindruck. Heute sind nur mehr rund 80 El Molo am Leben.

Die El Molo behaupten voll Stolz, ein eigener Stamm zu sein, aber ihre Sprache ähnelt der des Hirtenstammes der Rendille. Es gibt eine Theorie, daß El Molo eben nur „die Armen" bedeutet, die Armen, die kein eigenes Vieh haben und vom See ihr Leben fristen müssen.

Die El Molo tragen ihr Schicksal mit Selbstverständlichkeit und ihre Häßlichkeit mit Würde. Einmal war ich von Loiyangalani ein paar Kilometer nach Süden gegangen und hoffte, einer unserer Jeeps würde vorbeikommen und mich zum Lager zurückbringen. Ein alter El Molo gesellte sich zu mir, auch er hoffte auf einen „Lift". Unsere sprachlichen Möglichkeiten waren gering. Ich bewunderte die Fische, die er gefangen hatte, „masuri sana" – sehr gut, dann seinen Speer, wieder masuri sana. Er nickte zustimmend und machte erst gar keinen Versuch, unsere wenigen gemeinsamen Worte für ein Gespräch zu verschwenden.

So lagen wir zwei oder drei Stunden nebeneinander. Gelegentlich, wenn die Hitze zu arg wurde, ging ich ins Wasser, um mich abzukühlen und zu trinken. Der Alte, der den Großteil seines Lebens bis zu den Hüften im Wasser, immer nach Fischen Ausschau haltend, verbracht hatte, schien die Hitze nicht zu fühlen. Nur einmal trank er, aber er stieg nicht ins Wasser, sondern kniete am Ufer, die Zehen noch auf dem trockenen Sand, und beugte sich wie ein durstiges Tier weit vornüber, um mit dem Mund den Spiegel des Sees zu erreichen, als sei das Wasser ein notwendiges Übel, dem sich anzuvertrauen man nach Tunlichkeit vermeiden mußte.

Dann lagen wir wieder wortlos nebeneinander und ich hing meinen Gedanken nach. Damals habe ich, so schien mir, die Würde des Sterbens erlebt. Das Leben seines Stammes war, was das Leben jedes einzelnen von uns ist: ein Kreis ohne Ausweg. Man durfte, um diesem gegebenen Kreis

---

→

Ein Turkana im Festschmuck

Würde zu verleihen, nicht heftig und laut sein, sondern mußte Stille und einen fernen Blick bewahren. Dann war der Kreis kein Gefängnis mehr, das den einzelnen Menschen einschloß, sondern der Kreis war die Unendlichkeit, die alles beinhaltete. Gedanken, die besser an das Ufer des Ganges als an den Rudolfsee gepaßt hätten!

Als wir von der Insel zurückkamen, erwarteten uns die El Molo mit fieberhafter Spannung – jedenfalls habe ich sie niemals so erregt gesehen. Sie standen in einer engen Gruppe beisammen und sahen uns fragend und wortlos an. Der Häuptling schüttelte uns zeremoniell die Hände, und die anderen Männer folgten seinem Beispiel. Noel begann zu erzählen: wir hätten Ziegen gesehen, „mingi sana" – sehr viele, aber keine Menschen, dafür zerfallene Hütten, und wir hätten diese Töpfe mitgebracht. Seien sie von der gleichen Art, die sie verwendeten? Die Männer prüften die Töpfe und deren plumpe Verzierung. Nein, sie schüttelten den Kopf, sie hätten niemals solche Töpfe gehabt, auch ihre Väter nicht, noch deren Väter. Waren die Ziegen gut genährt? Gab es Weide auf der Insel?

Während wir erzählten, starrten sie nach der Insel, die, ein Paradies unzähliger Ziegen, zum Greifen nahe und doch unerreichbar, vor ihnen lag. Ihre unförmigen Flöße sind, wenn die hohen Wellen kommen, schon 200 Meter von der Küste eine Todesfalle. So bleibt die nahe Insel für sie ein unerfüllbarer Traum.

Wie mancher Traum hat auch die Insel ihre Legende. Die El Molo erzählen: Eine Frau, die ein Kind erwartete, saß neben einer Quelle und hütete ihre Herde. Aus Langeweile schlug sie mit einem Stein gegen die Umrandung der Quelle. Das Wasser schäumte plötzlich hervor, überflutete das Land und die Frau rettete sich auf einen Hügel, der so zur Südinsel wurde. Ihre Kinder und ihre Ziegen bevölkerten die Insel. Sachlich kann das nicht ganz einfach vor sich gegangen sein, denn sie müßte einen Sohn geboren haben und mit ihm, sobald er mannbar war, Blutschande getrieben haben.

Das Erstaunliche an dieser Legende ist, daß ich sie schon einmal gehört hatte – in der Mongolei, wo der Kuku-Nor, der blaue See, eine ähnlich schwer zugängliche Insel umschließt. Auch dort war es der Volkssage nach eine schwangere Frau gewesen, die eine Quelle zum Überfließen gebracht hatte.

Die beiden Erzählungen stimmen fast wörtlich überein. Der Rudolfsee ist vom Kuku-Nor durch zwei Kontinente und ein Weltmeer getrennt, trotzdem die gleichen Worte. Wissenschaftler würden vielleicht eine Erklärung finden und von „Kulturbrücken" sprechen. Ich habe meine Erklärung schon: Menschen, gleichgültig ob Neger oder Mongolen, gleichgültig ob in Ostafrika oder Zentralasien, bleiben eben Menschen. Warum sollen sie unverständliche Gegebenheiten nicht mit den gleichen Überlegungen und Worten zum Mythos machen, der keiner Erklärung und nur des Glaubens bedarf?

Wir nahmen Abschied von den liebenswerten El Molo. Unser nächstes Ziel war der Fergusongolf, 90 Meilen nördlich und am anderen Ufer. Dort lebten die McKays, von ihnen sollten wir neues Benzin bekommen. Wir hatten Proviant für mehrere Tage, warmes Schlafzeug, eine Angel, einen Revolver, Leuchtraketen, einige Flaschen Juice und Whisky mit uns. Wir waren gut ausgerüstet, trotzdem sahen wir der 300 Kilometer langen Fahrt durch den Rudolfsee mit etwas Bangigkeit entgegen. Wenn das Boot kenterte, waren alle diese schönen Dinge verloren. Wir ließen uns das natürlich nicht anmerken.

Alle El Molo waren versammelt, als wir starteten. Noels Diener watete ins Wasser, schüttelte seinem Herrn ganz fest die Hand und hatte feuchte Augen. Wir bildeten uns ein, daß es ein in der Geschichte des Rudolfsees historischer Augenblick war, der feuchte Augen rechtfertigte.

Wir steuerten abwechselnd. Nur wenn die Wellen

weiße Reiter bekamen, mußte Bunny als gelernter Seemann navigieren. Mittags rasteten wir auf einer Halbinsel, und ein Dutzend Krokodile verschwand eilig im Wasser. Überall sahen wir ihre Spuren im Sande – die Wellenlinie ihres Schwanzes von den Punkten der Krallen umrahmt. Wie die Speichen eines Rades strahlten die Spuren von einem kleinen Tümpel aus. Ich sagte zu Noel: „Es wäre komisch, wenn noch ein Krokodil im Tümpel wäre." „Kann nicht sein", erklärte Noel, ganz Fachmann des N.F.D., „sie sind sehr scheue Tiere." Um seine Behauptung zu untermauern, warf er Steine in den Tümpel. Beim zweiten Stein geriet das Wasser in Unruhe und das größte Krokodil, das ich bisher gesehen hatte, schoß an uns vorbei in den See. Noel warf keine Steine mehr, und wir kochten unseren Tee in gebührender Entfernung von dem Wasserloch.

Abends verankerten wir das Boot und schliefen auf dem noch warmen Sand. Wir waren guter Laune, denn wir hatten erkannt, daß wir Glück miteinander hatten. Wir waren ähnliche Typen, mit den gleichen Lastern behaftet und von den gleichen Tugenden gezeichnet. Wir waren alle drei starke Raucher, der Mann am Steuer brauchte nur einen Finger zu heben, schon reichte ihm einer der beiden anderen eine brennende Zigarette. Wir waren uns immer einig, wann es Zeit für einen Drink war. Wir konnten, vielleicht unsere einzige Tugend, stundenlang wortlos und doch nicht gelangweilt sein.

Während der zweiten Nacht kam ein so schlimmer Sturm auf, daß wir fürchteten, die Wellen würden das Boot vom Anker reißen oder füllen. Schimpfend und frierend kletterten wir an Bord, und Bunny nahm Kurs gegen die Wellen. Mit halber Motorkraft, so daß wir kaum von der Stelle kamen, aber die Wellen ausreiten konnten. Sie kamen, wie wir bald erkannten, in einem bestimmten Rhythmus: sieben kleine, dann drei sehr hohe. Gegen die großen drei nützte das beste Steuern nichts, sie brandeten über das Boot und uns. Wir mußten ständig schöpfen, um nicht gefüllt zu werden.

Es wurde eine scheußliche und unendlich lange Nacht. Ich hatte nie gedacht, daß es in der Nähe des Äquators so erbärmlich kalt sein könne. Noel wurde grün im Gesicht und seekrank. Ich zitterte so stark, daß ich Bunny, auch wenn kein Wassergischt dazwischen kam, keine brennende Zigarette in den Mund stecken konnte. Bunny hat später gesagt, daß er keinen Penny für das Boot gegeben hätte, aber irgendwie brachten wir es doch zustande, nicht zu kentern oder gefüllt zu werden.

Endlich ging die Sonne riesig groß auf und spendete etwas Wärme, die Wellen wurden sanfter und Bunny konnte für Minuten so steuern, daß kein Wasser über Bord kam. Sobald wir aber trocken und zufrieden wurden, kamen die drei hohen Wellen und wir hatten eine neue Dusche weg. Niemand konnte uns den Grund des ärgerlichen 7:3 erklären.

Gegen Mittag sahen wir eine Bucht vor uns, die weit ins Land hineinführte, einige Palmen standen auf dem leuchtenden Sand. Das mußte der Ferguson-Golf sein. Schon sahen wir die ersten Hütten auf der Düne. Dann begrüßten uns die McKays, bis zu den Hüften im Wasser stehend. Die ebenholzschwarzen, splitternackten Turkana, ihre Helfer, starren uns mit großen Augen an. Wir sind die ersten Menschen, die vom See her gekommen sind, alle anderen haben ihren Weg über Land genommen, und der See hatte eine undurchschreitbare Schranke gebildet, die wir erstmalig durchbrochen hatten.

Die McKays hatten uns – nach den ursprünglichen Plänen Kennaways, die er ihnen schriftlich mitgeteilt hatte – schon vor einigen Tagen erwartet. Aber erst vor wenigen Stunden hatte der „Buschtelegraph" unser Kommen angekündigt. Turkana waren bei Morgengrauen erschienen und hatten gesagt: „Gegen Mittag wird ein weißes Boot mit drei Bwanas kommen." Um diese Zeit hatten wir noch mit sehr bösen Wellen zu tun gehabt, und ich

wünschte im nachhinein, wir hätten zu dieser Stunde die sichere Überzeugung der Eingeborenen teilen können. Wie konnten sie – ganz gleich, wo sie uns während der Nacht beobachtet hatten – um soviel früher als wir am Ferguson-Golf sein?
„Zerbrecht euch nicht den Kopf", sagte Mr. McKay, „den Buschtelegraph kann kein Europäer verstehen."
Die McKays waren nicht mehr jung. Er hatte während des Ersten Weltkrieges ein Kriegsschiff befehligt, später war er nach Kenia gekommen und am Ferguson-Golf hängengeblieben. Hier betrieb er mit Hilfe der Turkana eine kommerzielle Fischerei und verkaufte die getrockneten Fische ins Innere des Landes. Die McKays waren das vielleicht einsamste Ehepaar der Welt und reizende Gastgeber. Ihr Schilfhaus war schattig und kühl, der Fußboden bestand aus Sand. Man konnte mit der bloßen Zehe Löcher hineinbohren, die ausgerauchten Zigaretten hineinwerfen und den Sand mit den Zehen darüber wieder glätten, ohne daß es Mrs. McKay unangenehm aufgefallen wäre. Ihr einziger Protest galt der Anrede Mrs. „Ich heiße Susan, mein Mann Denis."
W'ouse war von Lodwar mit dem Jeep gekommen und hielt mit Noel stundenlange Besprechungen ab, wobei er seiner neuen Krankheit, der Turkanitis, frönte und immer neue Vorteile für seine Schützlinge herauszuschlagen suchte. Was ihm wahrscheinlich gelang, denn Noel war nach der vorhergegangenen Nacht ein nachgiebiger P.C.
Der Abschied von den McKays fiel uns schwer, aber die Fahrt nach der Mittelinsel war eine leichte Angelegenheit. Auf ihr waren schon Menschen gewesen und man wußte über sie Bescheid. Im Inneren der Insel gab es zwei Seen, den „smaragdgrünen" und den „korallenroten". Diese Farbbeschreibungen erinnern an Werbeprospekte, und tatsächlich gaben sich die Seen in Wirklichkeit um vieles bescheidener, aber sie waren von Tausenden Flamingos belebt. Flamingos sind angenehmer zu betrachten als zu riechen. An den Kraterseen war die Luft schwül und stickig, und man sehnte sich nach einer Brise. Wenn die Flamingos schwammen, wurde das Wasser zwischen den Vogelleibern rosigrot, so als würden die Tiere ihre Farbe verlieren. Das war ein wunderschöner Anblick und man vergaß den Geruch.
Eine der nächsten Nächte verbrachten wir am Ostufer des Sees, wieder auf einer Landzunge. Nach Noels und der Verwaltung Erfahrung sollte es hier keine Menschen geben. Die friedlichen Nomaden meiden dieses Gebiet, das gelegentlich von den Galaba heimgesucht wird. Die Galaba sind in Äthiopien beheimatet und fahren manchmal in ihren Booten den Omo flußabwärts bis zum Rudolfsee, um ihre „Speere mit Blut zu tränken". Ein junger Galaba gilt erst als mannbar, wenn sein Speer „Blut getrunken" hat, wobei das Blut von Menschen dem der Rinder vorgezogen wird. Die Einfälle der Galaba sind also keine Raubzüge im wirtschaftlichen Sinn, auch können sie in ihren kleinen Booten keine wesentliche Beute heimbringen. Es geht darum, die Speere trinken zu lassen, und die Galaba sind entsprechend gefürchtet.
Auf der Landzunge entdeckte ich leider die Spur eines menschlichen Fußes, die nicht älter als einen Tag sein mochte. Wir konnten nicht erkennen, was der Mann – unwillkürlich dachten wir nur an einen Mann – hier gemacht hatte. Nirgendwo konnten wir Menschen ausnehmen, aber unser Boot mußte weithin sichtbar sein. Noel sagte, wenn Galaba in der Nähe wären, würden sie uns während der Nacht angreifen.
So entschlossen wir uns, Nachtwachen einzuteilen. Ich kam von 24 bis 2 Uhr daran. Ich konnte bequem in einem Klappstuhl sitzen und bekam eine starke Taschenlampe, einen Revolver mit

---

Abb. Seite 28 – Turkana-Fischer mit aus Weiden geflochtenen Fangkörben am Ferguson-Golf

Abb. Seite 29 – Turkana-Männer beim Tanz in Lokwa Kangole am Ferguson-Golf

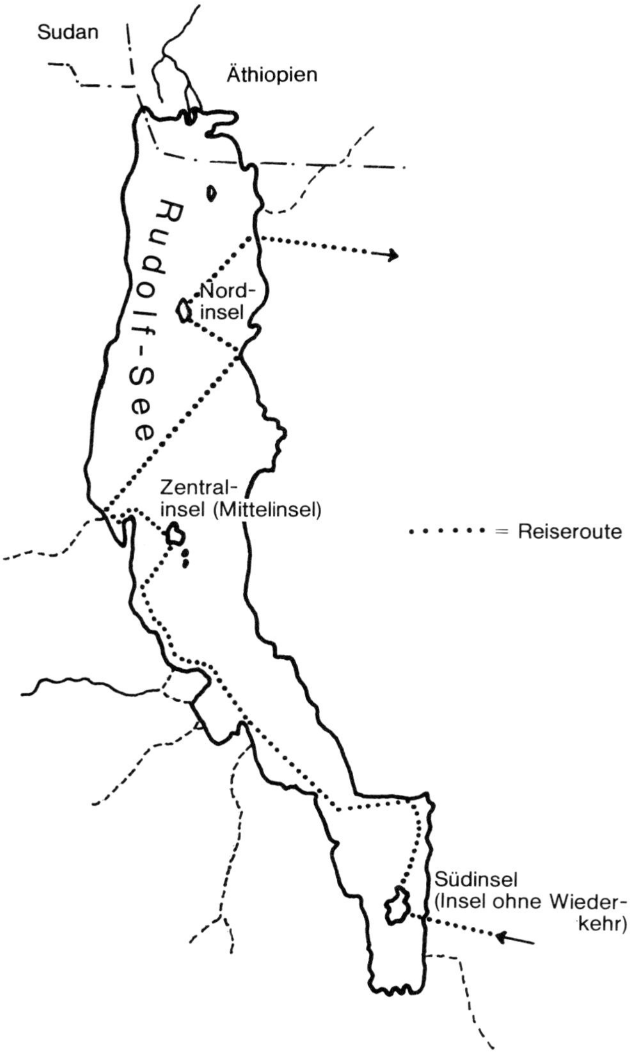

richtiger Munition und einen mit Leuchtraketen, ein langes Messer und natürlich eine Uhr, damit ich Bunny, der die nächste Schicht hatte, rechtzeitig wecken konnte. Rauchen sollte ich nicht, um den Galaba die Orientierung nicht zu erleichtern.

Anfangs war es wunderschön. Die Wellen gurgelten leise ans Ufer. Meine Begleiter atmeten tief oder schnarchten gedämpft, wie man es ausdrükken will, jedenfalls ein beruhigendes Geräusch. Die Sterne zeigten die Pracht, die man von einer afrikanischen Nacht erwartet. Um 12.50 Uhr begann unvermittelt der Sturm. Er warf mir so viel Sand und Steine ins Gesicht, daß ich die Hand vor den Augen nicht sehen konnte. Wären die Galaba tüchtige Burschen gewesen, hätten sie uns jetzt überrascht. Sie hätten leichtes Spiel gehabt, aber auch ein Politikum geschaffen, denn ein toter P.C. wäre damals von London nicht auf die leichte Schulter genommen worden. Vielleicht wußten die Galaba das, sie ließen uns in Frieden.

Schließlich hatten wir das Nordufer des Sees und damit die äthiopische Grenze erreicht. Wunderschöne Tage lagen hinter uns. Wir hatten den See – außer während der stürmischen Nacht – richtig lieben gelernt und uns an den brackigen Geschmack seines Wassers gewöhnt. Zum Abschluß machte Noel seinem Ruf als eifriger Kämpe für das britische Empire alle Ehre – er hatte eine Konferenz mit äthiopischen Militärs einberufen. Die Offiziere, die aus dem Norden kamen, waren joviale, trinkfeste Männer, die gewaltige Mengen ihres Nationalgetränks, selbstgebrauten Met, mitgebracht hatten. Jeeps und Lkw, die uns und das Boot wieder in die Zivilisation zurückbringen sollten, hatten Gin und Whisky herbeigeschafft. Viele Stunden lang wurde über den genauen Verlauf der Grenze und über die Weiderechte der Nomaden verhandelt. Der Alkohol half, gegenseitige Auffassungen zu überbrücken, nur allzu rasch waren die strittigen Fragen geklärt. Die Motoren heulten auf, und durch den Staub der Piste sahen wir zum letzten Mal den See.

Gelegentlich treffe ich Noel auch jetzt noch, manchmal in Afrika, manchmal in Europa. Wir haben uns viel zu erzählen, aber nach einiger Zeit fragt einer von uns: „Erinnerst du dich . . .?“

Dann meint er bestimmt den Rudolfsee.

Auch mit den Adamsons war ich am Rudolfsee. Einheimische Wilderer trieben am Ostufer, besonders im Gebiet des Mount Kulal, ihr Unwesen, und George sollte nach dem Rechten sehen. Wir hatten kein Boot mit uns, sondern machten eine Fußsafari, etwa zwanzig Esel trugen das Gepäck, und wir gingen eben zu Fuß. Wir, das waren: Joy und George; Julian, ein Game Warden, der George unterstützen sollte; ich, als Gast; einige Game Scouts; und vor allem und als Hauptpersönlichkeit die Löwin Elsa.

Die Geschwindigkeit unserer Märsche und die täglich zurückgelegte Strecke hingen von der Laune und den Kräften Elsas ab. Löwen sind eher bequeme Tiere, die eine Siesta einem langen

Marsch vorziehen. War Elsa unwillig, konnte man sie nicht zum Gehen zwingen, man mußte ihr gut zureden. Auch stand kein Auto bereit, mit dem sie nur zu gerne zu reisen pflegte. Meist erwies sich Elsa als „good sport", und wir legten im Laufe von zwei, drei Wochen eine beachtliche Strecke zurück.

Die Esel wurden durch die Anwesenheit Elsas irritiert, auch Elsa ihrerseits schenkte ihnen viel Aufmerksamkeit. Beides war für das Tempo unseres Vorwärtskommens nicht günstig. Wir gingen daher in zwei getrennten Gruppen – Joy, George und Elsa meist vorne, weil sie ja das Tempo bestimmten; Julian, ich und die Esel folgten. Jede Gruppe hatte einige Scouts mit sich. Mittags und abends trafen wir uns zu einer gemeinsamen Mahlzeit und zum Nachtlager.

Eine Fußsafari hat einer Motorsafari gegenüber viele Vorteile, besonders wenn sie durch die Gluthitze des N.F.D. führt. Man geht nicht sehr rasch und sieht viele Dinge, die vom Auto aus unbemerkt geblieben wären. Man lernt das schmutzige

Mr. George Adamson mit der weltberühmten Löwin Elsa. Sie liebte das Wasser, während ihre Artgenossen es meist scheuen

Wasser einer Viehtränke zu schlürfen und den dürftigen Schatten vereinzelter Akazien zu schätzen. Wir freuten uns dieser Zeit außerhalb des zivilisierten Alltags und waren entsprechend gut gelaunt. Nur einmal habe ich George verärgert gesehen.
Das war während eines Nachtlagers am Ufer des Sees. Wir hatten das Essen hinter uns und Joy hatte sich in ihr Zelt zurückgezogen. Elsa war an eine Palme gekettet worden, George und Julian saßen noch im Zelt und plauderten. Ich hatte mein Feldbett im Freien aufgestellt. Es war eine windstille Nacht ohne Moskitos. So lag ich halbnackt auf dem Bett und dämmerte vor mich hin.
Dann wurde ich wach und dachte: was für ein dummer Traum, jetzt hast du dir eingebildet, Elsa liegt auf dir. Es war aber kein Traum, Elsa lag tatsächlich auf mir. Das Halsband mußte locker geworden sein und sie war herausgeschlüpft. Ihr Kopf war über meinem Gesicht und ich konnte erkennen, daß sie guter Laune war, wahrscheinlich wollte sie spielen. Zärtlich strich sie mir mit der Pranke über den Kopf, und ich spürte, wie mein Gesicht feucht wurde. Bekanntlich ist die Kopfhaut stark durchblutet und auch eine harmlose Verletzung hat unerwartete Folgen. Ich fürchtete, der Blutgeschmack würde Elsa auf dumme Gedanken bringen, drehte das Gesicht in das Kissen und schrie: „Help, George, help!"
George war im Nu da, zog Elsa von mir und kettete sie wieder an. Ich wankte ins Zelt und muß dabei einen unerfreulichen Anblick geboten haben. Das Blut floß reichlich, und da ich versuchte, es mir aus den Augen zu wischen, verschmierte ich es über den ganzen Körper. George sah mich an und sagte: „Um Himmels willen, Herbert, nimm einen Whisky!" Er füllte ein Wasserglas halbvoll und ich trank es auf einen Zug leer.
Hier ist eine Erklärung nötig: Unsere Safari näherte sich ihrem Ende, und unser Vorrat an Whisky war sehr zusammengeschmolzen. Nicht, daß einer von uns ein Säufer gewesen wäre, aber es war am Abend zu einem angenehmen Ritual geworden, das lauwarme Wasser durch ein paar Tropfen Whisky zu veredeln. Wir gingen daher sehr sparsam damit um.
George holte eine Schere und schnitt mir das Haar vom Kopf, um die Wunde zu reinigen und zu verbinden. Er gab erstaunte Laute von sich und rief schließlich verärgert: „So ein winziger Kratzer und so viel Whisky!"
Die Wunde war wirklich so unbedeutend, daß man sie weder verbinden noch nähen brauchte, man konnte sie sich selbst überlassen und sie würde verkrusten. George schüttelte immer wieder erstaunt den Kopf.
Die Geschichte der Löwin Elsa ist durch die Bücher Joy Adamsons, durch Film und Fernsehen so bekannt geworden, daß ich sie hier nur kurz erwähne. 1956 mußte George einen menschenfressenden Löwen – es war eine Löwin – schießen und fand drei weibliche Junge, die er nach Hause brachte, wo sie von Joy mit Mühe und Liebe aufgezogen wurden. Die zwei stärkeren gaben sie an den Zoo in Rotterdam, das schwächlichste – Elsa – zogen sie auf. Als ich nach Isiolo kam, war der brieflich angekündigte „putzige Hausgenosse" merklich gewachsen und hatte die Größe eines Bernhardiners erreicht. Die Adamsons machten mich gleich darauf aufmerksam: Elsa sei sehr gescheit und würde sofort erkennen, ob jemand Angst vor ihr habe, und sich entsprechend verhalten. Ich muß zugeben, daß ich, wenn nicht gerade Angst, so doch Respekt vor Elsa hatte.
Das Haus der Adamsons stand in einem schütteren Buschwald. An manchen Abenden gingen wir mit Elsa durch diesen Busch spazieren. Ihr Lieblingsspiel während dieser Wanderungen war „stalking" – Anschleichen. Wohlgelaunt und eifrig lief sie uns voraus, schlug dann außerhalb unseres Blickfeldes einen großen Bogen und schlich uns von rückwärts an. Wollten wir keine Spielverderber sein, mußten wir unbekümmert weitergehen. Sobald Elsa nahe genug heran war,

sprang sie einem von uns gegen den Rücken. Sie tat das spielerisch und sanft mit eingezogenen Krallen. Wenn Elsa mich als Spielpartner wählte, war ich mir bewußt, daß das eine Auszeichnung war. Fremden gegenüber verhielt sie sich reservierter. Aber sie war schon so gewichtig, daß der Anprall ihres Körpers mich nach vorne warf. Hinzufallen gehörte zu den Spielregeln. Elsa stand dann über mir und lachte. Fachleute werden vielleicht einwenden, daß Löwen nicht lachen können, aber Elsa lachte wirklich. Sie hatte blendend weiße, große Zähne, und ihr fröhliches Gesicht war meinem sehr nahe. Ich bemühte mich zurückzulächeln, was mir nicht immer überzeugend gelang. Nicht nur mit dem Lachen ging Elsa ihre eigenen Wege – sie planschte und schwamm auch gern. Grzimek berichtet in seinem „Tierleben", daß Löwen in Tiergärten nicht freiwillig baden, während Tiger das gerne tun. Auch in freier Wildbahn sind meines Wissens badende Löwen nicht beobachtet worden.

Elsa liebte das Wasser. Auf der Fußsafari zeigte sie wenig Neigung, in den Rudolfsee zu steigen, vielleicht war ihr das Wasser zu „weich" (durch den Mineralgehalt), vielleicht verdrossen sie die häufigen Krokodile. Am Indischen Ozean aber, wo die Adamsons nahe der somalischen Grenze Urlaub machten, entwickelte sich Elsa zu einer wahren „Wasserratte". Zuerst betrachtete sie die weite Wasserfläche mißtrauisch und biß in die heranrollenden Wellen. Dann wagte sie sich tiefer hinein und wurde zu einer begeisterten Schwimmerin.

Wenn sie einen von uns erreicht hatte, legte sie nach Hundeart ihre beiden Pfoten auf unsere Schultern und tauchte uns tief ins Wasser hinunter. Da George sich als Unterwasserjäger betätigte, um unsere Speisekarte mit Hummer aufzubessern, war das eine unerwartete Hilfeleistung.

Ich könnte noch einiges erzählen, aber Joy Adamson hat Elsas Leben so fachkundig und liebevoll beschrieben, daß sich das erübrigt.

Die alten Römer sagten: „Aus Afrika kommt immer etwas Neues." Diese Behauptung hat in der heutigen Zeit besondere Gültigkeit. Kaum ein Tag ohne Nachrichten aus Afrika, meist über Rebellionen, blutige Machtkämpfe und Kriege. Kaum ein Gebiet des Schwarzen Kontinents, das von diesen Auseinandersetzungen nicht betroffen wurde.

Bisher ist Kenia von dieser Unruhe noch nicht erfaßt worden. Wird es weiterhin eine Ausnahme bleiben?

Bei meinem letzten Besuch in Nairobi hörte ich diese Anekdote: Ein hoher Beamter der britischen Verwaltung, wir wollen ihn Fred nennen, war maßgeblich daran beteiligt gewesen, daß Kenyatta, damals noch der „brennende Speer", zu sieben Jahren Gefängnishaft verurteilt wurde. Als Kenia seine Unabhängigkeit und Kenyatta die erste Würde im neuen Staat erhielten, rieten wohlmeinende Freunde Fred, das Land doch möglichst rasch zu verlassen. Fred aber dachte nicht daran. „Ich habe hier mein Leben verbracht, ich liebe dieses Land. Was soll ich im nebligen England!" beharrte er und kaufte sich eine Kaffeefarm. Bei einem offiziellen Anlaß soll er Kenyatta begegnet sein. Und – so berichtet die Anekdote – der schon legendäre Mzee ging auf Fred zu, legte den Arm um seine Schulter und sagte: „Fred, mein Freund der sieben friedlichen Jahre, die mich so viel gelehrt haben. Wann immer du etwas brauchst, ich bin stets für dich da!"

Falls diese Geschichte nicht wahr ist, so ist sie doch gut erfunden. In Kenia leben Afrikaner, Inder und Weiße, wenn auch nicht ohne Spannungen, so doch friedlich nebeneinander. Hoffentlich, so möchte man als Liebhaber dieses Landes wünschen, gelingt es Kenia, eine neue Art des Zusammenlebens zwischen Schwarz, Braun und Weiß zu schaffen. Eine Art, die keine Wunden schlägt, sondern Gegensätze überbrückt und vorhandene Fähigkeiten vereint. Vom Erfolg oder Mißerfolg dieser Möglichkeit hängt ab, ob Kenia zu einem Paradies oder einer Hölle wird. Die Entscheidung fällt jeden Tag.

Aus der Geschichte Kenias

Es war 1911, als der deutsche Professor Kattwinkel im ehemaligen Deutsch-Ostafrika die Reste fossiler Säugetiere in der Oldowayschlucht, am südlichen Rand der Serengeti im heutigen Tansania, fand. Damals erfaßte noch niemand, welch wichtige Entdeckung gemacht worden war. Sie sollte in der Folgezeit eine Lawine ins Rollen bringen, die bis heute noch nicht zum Stehen gekommen ist und bisweilen Forscher zur Vermutung veranlaßt, Ostafrika sei die „Wiege der Menschheit“.
Kurz nach Kattwinkels Entdeckungen stieß der Geologe Hans Reck auf den ersten fossilen Menschen in derselben Schlucht. Man sprach fortan vom „Oldoway-Menschen“, wußte ihn zeitlich aber nicht einzuordnen. Neues Licht in das Dunkel der Frühzeit brachten erst neuere Forschungen des Engländers S. L. B. Leakey, dessen Familie bis zum heutigen Tage noch zahlreiche aufsehenerregende Funde machen sollte. Leakey datierte den Oldoway-Menschen in die letzte Regenzeit (Diluvium) Afrikas, die wohl zeitlich der letzten europäischen Eiszeit entsprochen haben mag.
Ostafrika, und im speziellen Kenia, erweist sich seit dem Ersten Weltkrieg zunehmend als paläontologische Fundgrube. So entdeckte der Sohn des ersten Leakey, Richard, Reste einer menschlichen Ansiedlung aus der älteren Steinzeit in der Umgebung des Turkana Sees. Dort, im Norden des Landes, sollten die Forscher immer wieder auf Spuren vorgeschichtlicher Zeit stoßen, welche unser Bild vom Aussehen und Wirken dieser frühen Menschen formen konnten. Doch nicht nur die weiten Einöden um den Turkana See, sondern auch zentralere und fruchtbarere Teile des Landes, wie die Umgebung des Baringo See oder das Land zwischen Gilgil und Nakuru, gaben Zeugnisse der Altsteinzeit frei, so wurde z. B. in den Steinbrüchen bei Kanandusi eine ganze Reihe von Werkzeugen gefunden. Der Raum des heutigen Kenia war also schon während der Altsteinzeit, die 600.000 bis 1 Million Jahre zurückreicht, an verschiedenen Stellen von Menschen besiedelt. Zahlreicher sind die Relikte aus der Jungsteinzeit (ca. 3000 v. Chr. bis nach Christi Geburt), dennoch konzentrieren sie sich aber wieder im Raum des Riftvalley zwischen den beiden Seen von Nakuru und Naivasha. Hier breitet sich der Afrikanische Grabenbruch aus, der noch heute ein wertvolles Weideland darstellt.
Diese Liste der archäologischen Entdeckungen ist jedoch nur skizzenhaft, und mit großer Wahrscheinlichkeit kann angenommen werden, daß dieser Raum noch zahlreiche Zeugnisse früher Besiedlung birgt. Allzu jung ist die Geschichte der systematischen Forschungen in Kenia, als daß schon Endgültiges gesagt werden könnte. Doch mit jedem Jahr scheint sich der Ausdruck „Wiege der Menschheit“ mehr zu bestätigen.
Noch bleibt ungeklärt, wie die bunte Palette von Stämmen auf dem Gebiet des heutigen Kenia entstand. Zwar geben die erwähnten Funde Aufschluß über Besiedlung und unter Umständen auch über die Bevölkerungsdichte, nicht aber über einzelne Stämme, deren Sprachen und Sitten. Hier sind wir auf Vermutungen angewiesen, doch scheint es sicher, daß kleinwüchsige Jäger und Sammler („Buschmanoide“) die erste, genauer erfaßbare Bevölkerung Kenias waren. Noch heute kann man Reste von ihnen finden, etwa in den Boni am Unterlauf des Tanaflusses, die noch etwa tausend Köpfe zählen und sich weitgehend mit den Stämmen ihrer Umgebung vermischen. Es waren Vertreter der Buschmanoiden, die in großartigen Felszeichnungen ihre Kultur übermittelt haben.
Vielleicht waren es auch die Buschmanoiden, auf die die ersten kuschistisch sprechenden Wanderer gestoßen sind, als sie auf ihrem Zug nach Süden vom Raum des heutigen Äthiopien aus die weiten Steppen zwischen Mount Kenia und Kilimandscharo erreichten. Im Verlauf der letzten vorchristlichen Jahrtausende sickerten sie in immer größerer Zahl vom Norden her ein, bekämpften

die ansässige Bevölkerung und vermischten sich mit ihr. Die Kuschiten waren es, die eine ganz typische landwirtschaftliche Mischkultur mitbrachten und so eine Kombination zwischen Ackerbau und Viehzucht verbreiteten. Als letzte dieser Völkergruppen aus dem Norden kamen die Masai, die später kriegerische Berühmtheit erlangten. Auf ihrem Zug nach Süden vermischten sich diese mit nilotischen Bevölkerungsgruppen, so daß heute das kuschitische Element nur mehr sehr schwer greifbar ist und man sie üblicherweise unter die Niloten einreiht.
Weiter im Westen des Landes, im Raum des Victoriasees, siedelte sich um dieselbe Zeit eine andere Gruppe an. Es waren die Niloten, die in jahrhundertelangen Trecks wahrscheinlich vom sudanesischen Westufer des Nil gekommen waren. Kleine Gruppen ließen sich auf engstem Raum nieder und breiteten sich dann langsam nach allen Seiten aus. Als die Engländer ins Land kamen, war dieser Prozeß noch nicht abgeschlossen, und es gab in den letzten Jahren noch mehrmals Verschiebungen, doch bilden die nilotischen Luo den zahlenmäßig stärksten Stamm in der heutigen kenianischen Westprovinz.
Die Bantu als dritte Hauptgruppe der kenianischen Bevölkerung waren schon im Land, als die Niloten einsickerten, und haben sich zum Teil mit diesen Neueinwanderern vermischt, ebenso wie sie selbst Verbindungen mit anderen Volksgruppen eingegangen sind. Woher die Bantu kamen, ist noch weitgehend ungeklärt. Vielleicht brachen sie im 2. Jahrtausend aus dem Hochland von Kamerun auf. Auch ist nicht geklärt, warum es zu dieser Expansion der Bantu kam. War es der Bedarf an immer neuem Ackerland oder waren sie, die das Eisen kannten und verwendeten, den Nachbarstämmen überlegen? Auf kenianischem Boden erreichten die Bantu zuerst das Gebiet zwischen Victoriasee und dem Mount Elgon, wo sich der Stamm der Luhya niederließ, der heute der größte Bantustamm im Westen des Landes ist.
Doch die Wanderungsbewegung Richtung Osten ging bis zur Küste des Indischen Ozeans weiter, an der sich im Süden andere Bantustämme ausbreiteten, wie die Swahili, Taita oder Taveta, die auch heute noch eine verhältnismäßig geringe Bevölkerungszahl aufweisen. Doch gerade die Swahili sollten ihre Sprache später dem gesamten Großraum als Lingua franca geben.
Die im östlichen Vorland des Mount Kenia wohnenden Kamba gelten als Spaltgruppe eines zur Küste ziehenden Bantutrupps, der sich zum Teil mit Kuschiten vermischt hat.
Ähnlich liegen die Verhältnisse bei den Kikuyu, dem größten aller Bantustämme auf kenianischem Boden.
In seinem Buch „Facing Mount Kenya“ erzählt der verstorbene Präsident Kenias, Jomo Kenyatta, vom Schöpfungsmythos der Kikuyu: „Als die Kikuyu in das Gebiet des Keniaberges einwanderten, trafen sie auf dort wohnhafte Buschmanoidgruppen, auf Angehörige der Athi (nach ihnen ist heute einer der Hauptflüsse Kenias benannt) und der Dorobo (von ihnen berichtet der Mythos jedoch nichts). Der Mensch Gikuyu wurde von Mugai, dem Gott und Teiler des Universums, zu sich gerufen. Mugai übergab ihm das Land, voll von wunderbaren Schluchten, Flüssen, Wäldern und Tieren. Auch den Berg Kenia schuf Mugai und erwählte ihn zu seinem Ruheplatz, von dem aus er die Welt überschauen konnte. Einmal nahm er Gikuyu mit auf den Berg, den er Kere-Nyaga nannte, und zeigte ihm die Pracht des Landes, das er ihm geschenkt hatte. Auch zeigte er ihm eine Stelle inmitten des Landes, die Gikuyu zu seiner Wohnstätte erwählen sollte. Schließlich gab Mugai dem scheidenden Gikuyu noch den Rat mit auf den Weg – wann immer er sich in Not befände, solle er die Hände zum Kere-Nyaga erheben und Opfer bringen. Er selbst werde ihm daraufhin helfen.“
Noch heute ist der Keniaberg vielen Kikuyu heilig, und es mag einigen als Gotteslästerung er-

scheinen, wenn Bergsteiger von Übersee ihn besteigen.
Wann immer auch dieser Mythos entstanden sein mag, die Kikuyu sind ein uralter Bantustamm und erreichten zugleich mit den ihnen verwandten Embu, Meru und Mbere zwischen dem 16. und 18. Jahrhundert den Keniaberg. Von diesem ausgehend breiteten und breiten sie sich auch heute noch aus, allerdings unter etwas geänderten Bedingungen, da sie sich aufgrund ihres heutigen Bildungsniveaus überall im Land als neu entstehende Beamtenschicht etablieren. Die Bantu sind mit Abstand die größte Völkerfamilie Kenias. Als die Engländer in der zweiten Hälfte des 19. Jahrhunderts ins Land kamen, trafen sie also keineswegs auf ein erstarrtes System von Ethnien, sondern griffen vielmehr in einen Prozeß der Entwicklung ein, der bei weitem noch nicht abgeschlossen war, hingegen nur durch das Eindringen der neuen Kolonialherren in andere Bahnen gelenkt wurde.
Heute verwischen sich die Grenzen im Zuge einer angestrebten Entwicklung in einigen Teilen des Landes zu einem modernen Staat, an der Peripherie jedoch ist das Gefüge noch fast unberührt erhalten.
Die Bantu bilden etwa 60 Prozent der Bevölkerung. Man unterteilt sie in die Zentral- (Kikuyu, Embu, Meru, Kamba und andere kleinere Gruppen), West- (Luhya, Kisii) sowie Küstenbantu (Swahili, Taveta, Taita). Weitere 25 Prozent zählen zu den Niloten, wobei gerade hier Vermischungen mit anderen Völkerschaften sehr stark sind. Trotz dieser Vermischungen blieben den Luo, Nandi, Marakwet, Pokot, Samburu, Turkana und Masai ihre nilotischen Sprachen erhalten.
Die restlichen 15 Prozent der afrikanischen Bevölkerung verteilen sich auf die östlichen (Ogaden, Gurreh und andere Somali) und westlichen Kuschiten (Rendille, Boran, Gabbra und Orma). Diese wurden schon sehr früh vom Islam missioniert und stehen nicht zuletzt wegen ihrer Verwandtschaft zu den benachbarten Somali im modernen Staat Kenia mit seinen durch die Kolonialherren willkürlich gezogenen Grenzen abseits der meisten modernen Entwicklungen. Allzuoft führte das in den Jahren seit der Unabhängigkeit zu Spannungen.
Jede Betrachtung der Geschichte Kenias wäre unvollständig, ließe man die Entwicklung des Küstengebietes außer acht. Sie verlief in völlig anderen Bahnen, da sie schon früh von außen beeinflußt wurde. Der Indische Ozean war von jeher der Verbindungsweg zur Außenwelt. Die Entwicklung des Küstenlandes kann man seit dem Eindringen des Islam verfolgen, der sich im gegenüberliegenden Arabien sehr schnell ausbreitete und das Schicksal der kommenden Jahrhunderte im gesamten Raum des Indischen Ozeans entscheidend beeinflußte. Hier sind wir nicht auf Vermutungen angewiesen, sondern können historische Daten und Ereignisse den einzelnen Stadtchroniken entnehmen. Der Islam neigt in seiner Geschichtsschreibung zur Akribie. So gibt die Chronik von Pate das genaue Gründungsdatum mit 689 nach Christus an. Ähnlich wie Lamu wurde Pate als arabische Kolonie gegründet und entwickelte sich in der Folgezeit als wichtiger Hafen an der ostafrikanischen Küste. Diese Funktion ist heute längst verloren, doch zeugen noch immer Ruinen vom einstigen Glanz.
Im 10. Jahrhundert kamen neue Einwanderer übers Meer, diesmal vom Persischen Golf. Angeführt wurde die Schar von Al Hasan ibn Ali, dem Sultan des persischen Schiras, und seinen sechs Söhnen. Einer von ihnen sollte der erste Herrscher von Mombasa werden. Doch blieb in der Folgezeit Lamu beherrschender Mittelpunkt eines Küstenstriches, der von der Tanamündung bis zum Jubafluß im heutigen Somalia reichte. Hier entwickelte sich das Swaheli, das im Laufe der Jahrhunderte zur am meisten gesprochenen Sprache Ostafrikas und viel später zur Amtssprache Tansanias und Kenias wurde, obgleich es die Mut-

tersprache nur weniger ist. Das Swaheli ist – ebenso wie die Kultur, die es hervorgebracht hat – den Bantusprachen verhaftet, allerdings mit stark spürbarem arabischem Einfluß. Schon früh unternahmen die Leute von Lamu, Pate oder Kilwa mit ihren schnellen Booten, den Dhaus, Fahrten über den Indischen Ozean, etwa nach Oman, oder in den Persischen Golf, wobei ihnen die günstigen Windverhältnisse zu Hilfe kamen.
Neben den oben angeführten Orten entwickelten sich auch andere Städte wie Manda auf der Mandainsel, Schanga auf der Pateinsel, Schella auf der Lamuinsel. Ausgedehnte Ruinenfelder sind noch stumme Zeugen der einst so blühenden Kultur. Nur selten dehnten sie ihre militärische und wirtschaftliche Macht auch auf Nachbarstädte aus, eine Ausnahme bildete lediglich Pate, das im 13. Jahrhundert eine von Mombasa bis Mogadischu reichende Herrschaft errichtete.
Der Sklavenhandel wurde früh zu einem tragenden Pfeiler der Wirtschaft, und wir finden bereits bei den arabischen Geographen des 10. Jahrhunderts, Ibn Haukal und Ibn Said, darüber Aufzeichnungen.
Ibn Battuta, ein anderer berühmter arabischer Geograph, berichtet von Kaurischnecken als geltender Währung nach einem Brauch, der ursprünglich von den Malediven kam und sich im Laufe der Zeit bis nach Zentralafrika ausbreitete.
Mit der Landung des portugiesischen Seefahrers Vasco da Gama in Mombasa am 7. April 1498 brach eine neue Zeit für den Raum des Indischen Ozeans an, der in der Folgezeit für die europäischen Mächte wirtschaftlich, politisch und strategisch immer wichtiger wurde.
Die Blütezeit des lusitanischen Weltreiches schloß auch die ostafrikanische Küste mit ein, wo die Portugiesen schon beim ersten Besuch mit den Herrschern von Malindi ein Freundschaftsabkommen abgeschlossen hatten. Seit dem Beginn des 16. Jahrhunderts liefen regelmäßig Flotten von Lissabon in Richtung Ostafrika aus, denen sich auch deutsche Handelsschiffe anschlossen, die von den Welsern, Fuggern oder Imhofs ausgerüstet waren und deren Besatzungen uns zum Teil interessante Berichte hinterlassen haben.
Die Häfen an der ostafrikanischen Küste blieben bis in die Mitte des 16. Jahrhunderts, wie überall am Indischen Ozean, in portugiesischer Hand. Die Engländer (und Deutschen) traten die Nachfolge erst viel später an.
1580 tauchte vor Ostafrika der türkische Abenteurer Emir Ali Bei auf und überzeugte binnen kurzem die Bevölkerung von Pate, Lamu, Kilifi und auch Mombasa von der Notwendigkeit einer türkischen Befreiung, und so wurden die Portugiesen vertrieben. Nur Malindi blieb den alten Kolonialherren treu. Eine Flotte wurde vom portugiesischen Goa an der indischen Küste nach Mombasa geschickt, Ali Bei gefangengenommen und nach Lissabon gebracht. Um ihre Herrschaft zu festigen, bauten die Portugiesen zwischen 1592 und 1594 das Fort Jesus in Mombasa. Heute überragt es als Wahrzeichen der Stadt die Einfahrt zum alten Hafen.
Doch schon im 17. Jahrhundert war der Höhepunkt der lusitanischen Macht überschritten, und 1631 kamen viele Portugiesen, die nicht rechtzeitig geflüchtet waren, bei einem Massaker in Mombasa um.
Am Südwesteck der arabischen Halbinsel war mit Oman ein neues Machtzentrum entstanden, und es dauerte nicht lange, bis arabische Schiffe in die alten Häfen Pate und Lamu einliefen, aber dennoch räumten die Portugiesen erst 1728 endgültig die Swahelikiiste.
Oman war indes weit entfernt und die Herrschaft locker, so daß sich die omanischen Stellvertreter (Liwali) im Laufe der Zeit unabhängig machen konnten und schließlich 1746 ein eigenes Sultanat Mombasa errichteten, das sich an der Küste ausbreitete. Als die Macht Mombasas auch Lamu bedrohte, riefen die dortigen Herrscher wiederum Oman zu Hilfe, dessen Schiffe in den folgenden

Jahrzehnten immer wieder Mombasa angriffen, und es war daher nur eine Frage der Zeit, bis auch andere Schutzmächte zu Hilfe gerufen wurden. So übernahmen die Engländer für wenige Jahre den Schutz der Küste von Pembe bis Malindi unter der Bedingung, daß der Sklavenhandel eingestellt würde. 1828 räumten die Engländer wiederum das Gebiet, wohl vor allem aus Rücksicht auf ihren neuen Verbündeten, den Sultan von Maskat-Oman – Sansibar, der ab diesem Zeitpunkt wieder als Herrscher auftrat. Besonders Sansibar, auf das der Herrschersitz des Sultans 1840 verlegt wurde, nahm einen bedeutenden wirtschaftlichen Aufschwung als unabhängiger Staat. Es erwarb sich in diesen Jahren den Ruf als Gewürzinsel, nachdem es kurze Zeit zuvor auf den Anbau von Gewürznelken übergegangen war. So ist es nicht verwunderlich, daß schon in den dreißiger Jahren des vorigen Jahrhunderts Staaten wie die USA, England oder Frankreich Handelsverträge mit dem Sultan abschlossen. Die ostafrikanische Küste kam endgültig in den Einflußbereich wirtschaftlicher Interessen europäischer Mächte.

Nach den vergeblichen Missionierungsversuchen der Portugiesen in früheren Jahrhunderten erwachte nun diese Bestrebung aufs neue. 1844 landeten der deutsche evangelische Missionar Johann Ludwig Krapf und zwei Jahre später sein Mitbruder Jakob Rebmann in Mombasa. Beide bewegte ursprünglich der Plan, die Galla zu missionieren und Ostafrika zu einem neuen christlichen Mittelpunkt Afrikas zu machen.

Krapf und Rebmann waren seit der Antike die ersten Europäer, die auf ihren Reisen in das Innere des Landes die Schneekuppen des Mount Kenia und des Kilimandscharo sahen. Ihre Berichte lösten in Europa heftige Diskussionen aus, wurden in der Regel nicht geglaubt und sogar verlacht. Krapf nannte den Berg in den nördlichen Ebenen „Kenya“. Er war dabei einem Hörfehler unterlegen, indem er das Kambawort für Berg „Kiinyaa“ falsch niederschrieb. Doch „Kenya“ sollte als Bezeichnung für diesen Berg weiterleben und später sogar als Name für das gesamte ihn umgebende Land selbst in das Swaheli eingehen.

Nachdem sich Sansibar 1866 auch formell von Maskat-Oman getrennt hatte, zeichnete sich mit der Entsendung eines deutschen Konsuls und der Anmeldung deutscher Interessen ein kommender Konflikt ab, umso mehr, als durch die Eröffnung des Suezkanals die Bedeutung der Insel noch gestiegen war.

1885 schloß das Deutsche Reich einen Freundschaftsvertrag mit Sansibar, doch der Sultan – auf strikte Neutralität bedacht – unterzeichnete einen ebensolchen mit dem englischen Königreich.

Im selben Jahr fand in Berlin eine von Bismarck einberufene Konferenz statt, und es wurde die Deutsche Ostafrikagesellschaft gegründet. Sie war bestrebt, das Witu-Protektorat an der Mündung des Tanaflusses zu erhalten, wozu der Hafen und die Stadt Lamu als Brücke dienen sollten.

Am 22. November 1888 wurde die erste Briefmarke mit Swaheliaufschrift vom Stempel „Lamu/Ostafrika“ entwertet. Doch blieb das Wituland weiterhin Hoheitsgebiet Sultan Achmeds. Die Briten gründeten zur selben Zeit ihre Imperial British East African Company, und nach einem Abkommen über die gegenseitige Abgrenzung der Interessensgebiete kam es 1890 zum berühmten Helgolandvertrag, demzufolge die ostafrikanische Küste ausschließlich Tanganjikas britisch wurde. Das kurze Intermezzo des Deutschen Reiches im Gebiet des heutigen Kenia war vorüber, auch das Wituland wurde in das britische Protektorat aufgenommen.

Doch noch einmal kam es zu einem eher tragischkomischen Auftritt einer deutsch-österreichischen Vereinigung auf der Bühne des sich nun langsam politisch konsolidierenden Kenia.

1890 hatte der Wiener Journalist Theodor Herzl, ehemaliger Wirtschaftsredakteur der Neuen Freien Presse und Gründer sowie Herausgeber der Wiener Allgemeinen Zeitung, seine Utopie „Freiland, ein soziales Zukunftsbild" veröffentlicht und damit die Freilandbewegung ins Leben gerufen. Mitglieder dieser Bewegung kamen, ohne freilich die Unterstützung der britischen Regierung erhalten zu haben, nach Lamu und zur Tanamündung, um hier ihr sozial-revolutionäres Gemeinwesen aufzubauen. Unter ihnen befanden sich die Österreicher Dr. Julius Wilhelm, Hauptmann Franz Schwinder und der Wiener Anarchist Hans Salner, dessen Frau zur Königin von „Freiland" ausgerufen wurde. Es kam jedoch zu Streitigkeiten, und wenig später wurde das Projekt aufgegeben. Doch die Idee lebte weiter in dem epochemachenden Werk „Der Judenstaat" des Wiener Journalisten Theodor Herzl, das nur einige Jahre später (1895) erschien.

Zu Beginn des 20. Jahrhunderts kamen die ersten europäischen Siedler ins Land, angelockt vom günstigen Klima und der Aussicht, schnell reich zu werden. Einer der ersten dieser Siedler war Lord Delamere, der dann später in die Geschichte dieses Landes eingehen sollte.

Schon 1885 wurde mit dem Bau der Ugandabahn von Mombasa nach Port Florence, dem heutigen Kisumu am Victoriasee, begonnen. 1901 erreichten die Bahnarbeiter Port Florence, das damals noch im Bereich Ugandas lag. Die Bahn war fertiggestellt und erwies sich schnell als Lebensader für das aufstrebende Protektorat. Die Existenz des Staates in seiner heutigen Form ist überhaupt erst durch den Bau der Eisenbahn verständlich, war sie es doch, die alle Teile eines Landes mit so unterschiedlichem Charakter und einer völlig anderen Geschichte zusammenschweißte und zum politischen Gebilde machte.

Viele der heute blühenden Städte Kenias waren ursprünglich als Bahnsiedlungen angelegt worden, so auch Nairobi, das zur Jahrhundertwende entstand und sich schnell entwickelte, trotz seiner Lage im sumpfigen Vorland der Ngong Hills. Dabei ist es interessant zu bemerken, daß der erste Municipal Commissioner (was am ehesten der Stellung eines Bürgermeisters entspricht) ein Deutscher aus Thorn war.

Paul Huebner war im Auftrag einer Bank 1894 nach Ostafrika gekommen und wurde 1896 ehrenamtlich deutscher Vizekonsul in Mombasa. Auf dem Rückweg von einer Handelssafari nach Kampala bat man ihn, im gerade entstandenen Nairobi den Posten zu übernehmen. Es war dies keine leichte Aufgabe in einer Stadt, die vor allem von aus dem Bahnbau entlassenen indischen Kulis bewohnt wurde und außerdem versuchen mußte, der ständigen Rattenplage Herr zu werden. Als die Bubonenpest ausbrach, mußte der soeben entstandene Bazar niedergebrannt werden. Nachdem Huebner als Deutscher immer wieder angefeindet worden war, bat er 1903 darum, aus dem Amt entlassen zu werden. Der erste Bürgermeister Nairobis starb erst 1961 in Bozen.

Kenia war bereits einige Jahre nach der ersten Einwanderung besetzt von den Kräften, die die Geschicke des Landes für die nächsten Jahre ausschließlich beeinflussen sollten: auf der einen Seite die Regierung in London und ihr Vertreter, der Gouverneur, die weißen Siedler und übrigen Europäer; auf der anderen Seite das indische Element und schließlich die breite Masse der Afrikaner. Lord Delamere verfaßte später eine Autobiographie, die er „a white man's country" nannte. Damit schnitt er ein Thema an, das in den fünfziger Jahren unseres Jahrhunderts explodieren sollte.

Doch mußten zur Durchsetzung dieses Anspruches die Stämme des Hochlandes „befriedet" werden, und so gleicht die Geschichte der ersten fünfzehn Jahre dieses Jahrhunderts einer Aufzäh-

---

→

Verkauf von Kalebassen im Bereich der Kambas, auf der Hochfläche von Kitui

Abb. Seite 42 – Luo-Bub in Homa Bay am Viktoriasee

Abb. Seite 43 – Versunken im Spiel mit dem selbstgebauten Schiffchen. Luo-Junge auf der Insel Mfangano

Links – Verheiratete Rendille-Frau

Unten – Rendille-Zwillinge

Rechte Seite – Unverheiratetes Rendille-Mädchen mit Kind

Abb. Seite 46 oben – Kuschitische Nomaden an der äthiopischen Grenze beim Aufbruch. Das biegsame Gerüst für ihre Fellzelte wird auf die Rücken der Kamele geladen, Esel, Ziegen und Rinder als Haustiere ziehen mit

Abb. Seite 46 unten – Rendille-Hirten zapfen Blut aus der Nasenvene ihrer Kamele. Sie trinken das Blut roh

Abb. Seite 47 – Somali-Hirten holen für ihre Herden Wasser von einem Brunnen nahe Wajir in der Ostprovinz des Landes. Diese im gesamten Norden und Osten lebenden Nomaden geben immer wieder Anlaß zu Streitigkeiten und Gefechten zwischen Kenia und Somalia, wo der größere Teil ihres Volkes wohnt

Rechts – Swahili-Frauen in Witu, auf halber Strecke zwischen Malindi und Lamu

Seite 50 – Kleinwüchsiger Jäger des Marakwet-Stammes, von denen rund 70.000 an den Abhängen der Cherangani-Hügel in Westkenia leben

Seite 51 – Samburu bei der Anfertigung der kunstvollen Haartracht

Oben – Borana-Frau mit ihren Kindern beim Kochen im Kral ihrer Heimstätte in der Nähe von Marsabit. In dem Kral werden nachts auch die Haustiere zum Schutz gegen wilde Tiere gehalten

Rechte Seite – Borana-Frau mit Kindern vor ihrem Haus in der Nähe von Marsabit

lung militärischer Auseinandersetzungen. Besonders heftig wehrten sich die Nandi (1905) gegen die weiße Okkupation, die Kikuyu kämpften von 1899 bis 1902, bis 1912 mußten gegen die Tschuka und Embu Strafexpeditionen unternommen werden, ebenso gegen die Kisii, Marakwet und vor allem gegen die Masai.

Die Kämpfe gingen allesamt für die Afrikaner verloren, was im Fall der Masai besonders tragisch war, da ihr weites Weideland in immer neuen Verträgen zerstückelt wurde und man ihnen schließlich den Zugang zu weiten Teilen ihres angestammten Landes verwehrte. Ihr militärisch organisiertes Volk konnte zwar jahrhundertelang den Nachbarvölkern trotzen und ihnen einen regelrechten „Masaischock" versetzen, nicht aber konnte es sein Land, das vom Rudolfsee bis zum Kilimandscharo reichte, gegen die überlegene Verhandlungstaktik und die Feuerkraft der Engländer verteidigen.

1960 entstand eine Masaiunion, die unter John Keen die politische Einigung aller in Kenia und Tansania lebenden Masai anstrebte, die aber dann kläglich scheiterte.

1907 erreichten die weißen Bewohner Kenias die Zuteilung eines Gouverneurs, obwohl sie noch immer nicht den Status einer Kolonie erhalten hatten. Eine weiße Siedleroligarchie bildete sich heraus.

Aber auch eine Interessengemeinschaft der Inder in Ostafrika wurde 1914 geschaffen, und im März desselben Jahres fand die erste Sitzung des East African Indian National Congress statt.

Abb. Seite 54 – Rendille-Frau in den westlichen Randgebieten des Turkanasees beim Melken einer Kuh. Das Zeburind gibt etwa einen halben Liter Milch pro Tag

Abb. Seite 55 – Rinderherden östlich des Mt. Kenia. Trotz örtlicher Tse-Tse-Verseuchung ist das Zeburind wichtigstes Haustier außerhalb der Dornbuschsavanne

Linke Seite – Galla-Junge mit seiner Ziegenherde im Norden des Landes, nahe der äthiopischen Grenze

Der Erste Weltkrieg brachte eine Unterbrechung der politischen Entwicklung. Die kühnen Operationen des deutschen Generals Lettow-Vorbeck gefährdeten den Fortbestand des jungen Protektorates, doch die Entscheidungen auf den europäischen Kriegsschauplätzen machten Deutsch-Ostafrika, d. h. Tanganjika ein Ende. Es kam fortan in britische Treuhandschaft.

Nach dem Ersten Weltkrieg begann sich auch die schwarze Bevölkerung zu organisieren, so kam es 1919 zur Gründung der East African Association und 1920 der Kikuyu Association, deren legendärer Führer Harry Thuru versuchte, eine „kenianische" Politik zu finden. Als er 1922 verhaftet wurde, kam es zu den ersten politischen Unruhen im Land.

1924 wurde die Kikuyu Central Association ausgerufen, der als einer der ersten Mitglieder ein gewisser Kamau wa Ngengi beitrat. Ngengi war Regierungsangestellter und sollte später den Namen Jomo Kenyatta annehmen. Schon 1927 wurde er Generalsekretär und war seitdem Hauptpfeiler der afrikanischen Politik in Kenia – seit über 50 Jahren.

Während des Zweiten Weltkrieges kämpften viele Afrikaner auf seiten der Engländer, während Kenyatta als „Sachwalter" Kenias in England weilte. Schon damals rankte sich ein Mythos um ihn als Mzee (eine Ehrenbezeichnung, die etwa „ehrwürdiger, alter Mann" bedeutet). So war das Mißtrauen, das ihm die Weißen Kenias bei seiner Rückkehr entgegenbrachten, verständlich. 1948 wurde die Forderung nach seiner Deportation laut, und bald darauf hörte man zum ersten Mal den geheimnisvollen Ausdruck „Mau-Mau". Die kommenden Unruhen warfen ihre drohenden Schatten voraus. Die Mau-Mau-Organisation wurde für illegal erklärt.

Doch bevor die Kämpfe endgültig ausbrechen sollten, konnte man den Namen Nairobi noch zweimal in anderem Zusammenhang auf den Titelseiten englischer Zeitungen finden. Im März 1950 erhielt

MODERN CLOTHING

Nairobi als erster Ort in den britischen Kolonien Stadtrechte, der 30. März als Tag der Überreichung der Urkunde ist seither als Charter Day bekannt.
Zu Beginn des Jahres 1952 weilten die englische Prinzessin Elisabeth und ihr Gatte, Philip, Herzog von Edinburgh, als Urlauber im Land. Nur sechs Tage nach ihrer Ankunft starb Georg VI., und so hörte am 8. Februar 1952 die Bevölkerung Nairobis die Proklamation Elisabeths zur neuen Königin von England, der zweiten ihres Namens.

In Kenia kam es immer häufiger zu politischen Morden, und als im Oktober 1952 ein regierungsfreundlicher Kikuyuhäuptling getötet wurde, erklärte der Gouverneur den Ausnahmezustand, die berühmte „Emergency". Jomo Kenyatta und andere führende schwarze Politiker wurden festgenommen und deportiert; die Mau-Mau-Kämpfe brachen aus. Sie wurden von beiden Seiten mit unglaublicher Grausamkeit geführt. Auf britischer Seite verwendete man moderne Technologie, richtete Verbannungslager für Tausende von Schwarzen ein und führte umfangreiche Zwangsumsiedlungen durch. Die Gegner der Briten waren fast ausschließlich Kikuyu. Durch die Altersklassenorganisation und komplizierte Eide miteinander verbunden, kämpften sie einen aussichtslosen Kampf. Von den Regenwäldern und -sümpfen der Aberdares und des Mount Kenia herab führten sie schnelle Schläge gegen die Weißen in den Hochebenen, um danach ebenso blitzartig in ihren undurchdringlichen Schlupfwinkeln zu verschwinden.
Die Kämpfe dauerten bis 1956 an, in ihrem Verlauf kamen über dreizehntausend Schwarzafrikaner auf beiden Seiten um, während der Blutzoll unter den weißen Siedlern relativ niedrig blieb.
Die Saat, die Lord Delamere und andere mit ihrer Vision eines „white man's country" in Ostafrika gesät hatten, war nicht aufgegangen. Die Idee eines weißen Staates auf dem Hochland hatte sich als Illusion erwiesen.
Über die Gewährung der Unabhängigkeit war man sich auf beiden Verhandlungsseiten grundsätzlich einig, wie jedoch die politische Macht verteilt werden sollte, war noch unklar. Die KANU (Kenya African National Union) setzte sich vorwiegend aus den beiden Hauptstämmen, den Kikuyu und den Luo, zusammen und trat daher für eine zentralistische Staatsform ein, in der sie selbst naturgemäß das Hauptgewicht haben sollten, während die KADU (Kenya African Democratic Union) als Vereinigung vornehmlich der kleineren Stämme für ein föderalistisches Prinzip eintrat. In diesem föderalistischen Staat sollten die Macht gleichmäßig verteilt und die Minderheiten geschützt sein. Schon in den Jahren vor der Gründung des unabhängigen Kenia trug man schwer an der Hypothek eines willkürlich zusammengewürfelten Nationengebildes. 1960 wurde die Emergency aufgehoben, und zwei Monate vor seiner Entlassung aus dem Exil wurde Jomo Kenyatta in Maralal vom Generalkonsul der USA, der Bundesrepublik, Italiens, Somalias und Äthiopiens besucht. Die Weichen für die Machtübernahme und deren Anerkennung waren gestellt.
Am 12. Dezember gewährte Großbritannien Kenia die innere Selbständigkeit im Rahmen des Commonwealth. De facto wurde das junge Land ein Königreich mit Elisabeth II. an der Spitze und Jomo Kenyatta als Ministerpräsidenten und Chef der Regierung. In dieser Zeit wurde der KADU immer schärfer zugesetzt, so daß sie sich schließlich auflöste und ihre führenden Männer sich der KANU anschlossen. Als am ersten Jahrestag der Erreichung der Unabhängigkeit die Republik mit Jomo

---

Abb. Seite 58 – Girjama-Mädchen mit Tanzschmuck in Malindi. Der Tanzschmuck zeigt die Nationalfarben Kenias, angefügt ist eine Straußenfeder
Abb. Seite 59 – Buntes Treiben am Markt von Karatina, einer aufstrebenden Stadt am Westabhang des Mt. Kenia in der fruchtbaren, von Kikuyu bewohnten, Zentralprovinz

Kenyatta als dem ersten Präsidenten ausgerufen wurde, nahm der junge Staat als straffe zentralistische Präsidialrepublik Konturen an.
Dies ist längst Zeitgeschichte, die Kämpfe der Mau-Mau liegen weit zurück. Was bleibt, ist der dornige Weg einer willkürlich zusammengewürfelten Stammesschar zu politischer Einheit und neuem Selbstverständnis. Dabei sind die Stammesrivalitäten noch keineswegs beigelegt, und nicht alle Grenzen sind international anerkannt. So lebte Kenia seit Jahren im Streit mit Somalia, das die Schiftapartisanen im Nordosten des Landes während der sechziger Jahre unterstützte und noch bis vor kurzem weite Gebiete Kenias als Teile eines „Groß-Somalia" beanspruchte.
Kenia versucht, einen eigenen Weg zu gehen ohne politische Bindungen und Neutralität zu wahren. Dabei sieht es sich von Staaten umgeben, die wie z. B. Tansania andere Ideologien verfechten oder, wie Uganda, in die Praktiken blutiger Stammesfehden zurückfallen. Trotz dieser hemmenden Faktoren hat Kenia in den letzten Jahren einen beachtlichen wirtschaftlichen Aufschwung genommen, der nicht zuletzt auch den einfachen Menschen auf dem Land, den Wananchi, zugute kommt.
Es bleibt zu hoffen, daß die Kikuyu, Samburu und Boran ihre Identität bewahren können – in ihrem Land um den Berg Kere Nyaga.

Uhuru – eine Generation danach

Kenia im Jahre 1980 ist ein Land vieler Erscheinungsformen. Siebzehn Jahre nach dem denkwürdigen Tag, an dem das Land Uhuru – die Freiheit – erhielt, zeigt sich immer stärker das Bild eines Staates, dessen außenpolitische Konturen sich scharf von denen seiner Nachbarn unterscheiden, dessen innenpolitisches Erscheinungsbild aber unscharf bleibt, zumindest für den flüchtigen Besucher.
Nirgends aber werden Kontraste augenscheinlicher als in der Hauptstadt Nairobi mit ihrem urbanen Erscheinungsbild – in einem Land, in dem noch immer weniger als zehn Prozent der Bevölkerung im städtischen Bereich leben. Doch ist Nairobi das Einfallstor nicht nur für Kenia, sondern Metropole für ganz Ostafrika. Und es hat viele Gesichter.
Vor weniger als achtzig Jahren war Nairobi nicht mehr als eine Ansammlung von Zelten beim Meilenstein 327 der Ugandabahn, umgeben von Sümpfen, von den Masai Enkare N-airobe, „Platz des kalten Wassers", genannt. Nachdem der Sitz der Kolonialverwaltung jedoch an diese verkehrsgünstige Stelle verlegt worden war, begann der unaufhaltbare Aufstieg zur heutigen „City in the Sun" oder „International City of Africa".
Weite und saubere Straßen, umsäumt von herrlichen Jacarandabäumen und eingebettet in immerwährendes Grün, durchziehen das Zentrum, dessen Skyline durch die modernen Hochhäuser an Amerika erinnert.
Hier haben verschiedenste internationale Organisationen ihren Hauptsitz, multinationale Gesellschaften ihre Büros. Hier sind auch die einzelnen Ministerien des Landes untergebracht, befinden sich anspruchsvolle Geschäfte und Banken, Ausstellungsräume und Hotels.
Doch allzuleicht läßt man sich täuschen von den glänzenden Fassaden, allzuleicht blenden gepflegte Parkanlagen und weitausladende Wohnviertel.
Wenn die tropische Nacht die City in ein Lichtermeer verwandelt, bevölkern sich dieselben Straßen mit Bettlern, Krüppeln und Kindern, den Cityboys. All diese sind heimlos, die Exponenten eines Bereiches, dessen enorme Ausmaße erst jenseits des Lichterglanzes in ihrem ganzen Elend sichtbar werden.
Eine kenianische Zeitung hat vor kurzem vom „Hinterhof Nairobis" gesprochen. Wie richtig, denn neben der modernen Stadt als Ergebnis eines städtischen Wachstums, das auf dem Entstehen einer modernen Industriegesellschaft fußt, gibt es ein Nairobi, das ganz andere Grundlagen hat. Es sind dies soziale Veränderungen, wie Bevölkerungsexplosion, erhöhte Erwartungen in eine Stadt, die regelmäßiges Einkommen verheißt, die Entwurzelung aus gewohnter Umgebung und Tradition und schließlich Launen der offiziellen Siedlungspolitik. Sie führen zu einem stetigen Bevölkerungszustrom, dem Wohnungsbau und Arbeitsplatzangebot nicht gewachsen sind.
Rund die Hälfte aller Bewohner Nairobis lebt heute als Squatters in Slums und ähnlichen Wohngebieten an der Peripherie der eigentlichen, sichtbaren Stadt. Das berühmteste (und berüchtigste) Slumviertel ist Mathare Valley, das rund 140.000 Einwohner zählt und mit einer Zuwachsrate von 16 Prozent jährlich wächst. Das bedeutet eine Verdoppelung der Bevölkerung innerhalb von fünf Jahren!
In Nairobis Slums werden mehr Heimstätten gebaut und mehr Leute absorbiert als in der eigentlichen Stadt, selbst wenn man berücksichtigt, daß immer wieder Slumteile von den lokalen Behör-

Abb. Seite 62/63 – Kikuyu-Ansiedlung am Rande des Tinderet-Waldes. (Es ist dies ein „settlement scheme" auf Regierungsland und entspricht nicht traditionellen Siedlungsstrukturen.) Im Hintergrund weiß getünchte Lehmhütten mit Grasdach als Wohnstätte, im Vordergrund Speicherbauten auf Stelzen zum Schutz gegen Ratten und Mäuse. Die regelmäßige Anlage wurde für Waldarbeiter errichtet

Das „Silopark House", das IBM-House und Nairobi Hilton am City Hall Way. Die beiden Bauten verdeutlichen das städtebauliche Prinzip einer englischen Kolonialstadt mit einer dicht zusammengedrängten, in die Höhe schießenden City und grünen, weitläufigen Wohnvierteln, ursprünglich nach Rassen getrennt

den dem Boden gleichgemacht werden. Aus gesundheitlichen Gründen, wie es heißt.
Für die meisten der Neuankömmlinge in den Slums war die Hoffnung auf einen bezahlten Arbeitsplatz Antrieb ihrer Wanderung. Doch für den überwiegenden Teil wird die Jobsuche selbst härteste Arbeit und wo es keine bezahlte Stellung gibt, werden kriminelle Delikte häufig. Und dennoch ist nicht überraschend, wie viel Kriminalität es in den Slums gibt, sondern wie wenig, berücksichtigt man die Lebensumstände. Diese sind wahrlich erbärmlich. Einziger Schutz gegen die tropischen Regenbrüche ist Pappkarton oder Wellblech, die kleinen Hütten stehen eng aneinander und sind nur durch Lehmwege getrennt, die sich während der Regenzeit zu reißenden Strömen entwickeln können. Krankheiten halten reiche Ernte. Da oft selbst primitivste sanitäre Einrichtungen fehlen, kann ihnen nicht Einhalt geboten werden.

Seit der Erreichung der Unabhängigkeit befindet sich Kenia im Aufbruch und nach den ersten fünfzehn Jahren Entwicklung zeigen sich viele Phänomene, die es auch im vorindustriellen Europa gegeben hat. Sie harren keiner europäischen Lösung, sondern einer afrikanischen. Diese aber muß aus dem Land selbst kommen, europäische Modelle lassen sich nur schwer anwenden.
Als die britische Kolonialregierung 1963 abzog, hinterließ sie keineswegs ein Vakuum, sondern eine funktionierende Verwaltung, an deren Schalthebeln nun aber Afrikaner saßen. Ihnen war nicht nur das Erbe der Weißen, sondern auch die Hypothek der kolonialen Entstehung ihres Landes übertragen. Kenia war als Kolonie kein homogenes Gebilde, so war es also nicht verwunderlich, daß Spannungen schon bald auftraten. Und auch heute bilden Stammesdifferenzen eine der beiden Hauptgefahren für das labile Gleichgewicht des jungen Staates, neben der daraus resultierenden politischen Entwicklung und den immer größer werdenden sozialen Spannungen. Beide Probleme sind ineinander verflochten. Darauf soll im folgenden kurz eingegangen werden.
Im Vielvölkerstaat Kenia haben sich in den letzten Jahren vor allem die Kikuyu in den Vordergrund geschoben. Im Verhältnis zu ihrem Bevölkerungsanteil sind sie übermäßig in der Führungsschicht vertreten. Im Konkurrenzkampf verschiedener Volksgruppen Kenias, den die Regierung – prinzipiell wenigstens – zu Recht als Tribalismus anprangert, behaupten sich die Kikuyu nach wie vor, was ihnen jedoch den Vorwurf einbringt, entgegengesetzt zu ihrem im Entwicklungsplan erklärten Ziel kaum Anstrengungen zu unternehmen, dieses Übergewicht abzubauen. So wächst also die Unzufriedenheit anderer Stämme, etwa der Luo oder Kamba, und Forderungen nach Proporz bei der Verteilung politischer Ämter werden laut.
Die – wenn auch unterschwellige – Unzufriedenheit ist für einen jungen Staat gefährlich, denn noch ist die Nation nicht so gefestigt, als daß schon ein wirkliches Zusammengehörigkeitsgefühl hätte entstehen können. Die Schicksalsgemeinschaft, die man durch die englische Kolonialverwaltung geworden ist, wird immer wieder in Frage gestellt.
Und wirklich: was bliebe übrig vom heutigen Staat Kenia, würde man den Raster der Volkszugehörigkeit darüberlegen? Weite Teile des Landes könnten so an die Nachbarn verlorengehen. Es ist daher nicht verwunderlich, daß man an den einmal gezogenen Grenzen festhält und wenigstens ansatzmäßig versucht, Stammesgegensätze abzubauen. Dazu ist es höchste Zeit, wenn auch die Hysterie, mit der man Ende des Jahres 1977 einem angeblich separatistischen Luo-Plan begegnete, sicher übertrieben war.
Dennoch, das blutige Schicksal von Separatistenbewegungen in anderen afrikanischen Ländern blieb Kenia bislang erspart, wohl nicht zuletzt durch das Charisma und die kluge Leitung des verstorbenen Präsidenten Mzee Jomo Kenyatta. Er,

der durch seinen Kampf für die Unabhängigkeit noch zu Lebzeiten zum Mythos geworden war, hatte es noch immer verstanden, tiefe Gegensätze – zumindest für die Gegenwart – zu überbrücken. Es bleibt zu hoffen, daß seine Nachfolger einmal ebenso erfolgreich sein werden.

Den Stammesgegensätzen verwandt ist das Problem der Eingliederung der Asiaten in das unabhängige Kenia. Zwar stellen sie nur ein Prozent der Gesamtbevölkerung, ihre Bedeutung kommt jedoch zum Ausdruck, wenn man ihre regionale Verteilung betrachtet. 86 Prozent der asiatischen Bevölkerung Kenias leben in den sechs größten Städten des Landes; in Nairobi allein stellen sie rund zehn Prozent der gesamten Stadtbevölkerung.

Die Asiaten kontrollieren weite Teile des Großhandels, des Gewerbes und der Industrie. Die auch heute noch spürbare Konzentration auf diese Berufe ist Ergebnis von Beschränkungen, die den Asiaten im Hinblick auf ihre wirtschaftliche Betätigung von der ehemaligen Kolonialverwaltung auferlegt wurden. Nach dem Abzug der Engländer gewannen die Asiaten sehr schnell an Reichtum, da sie nun ihre wirtschaftlichen Erfahrungen ganz der Expansion widmen konnten. Das Grundanliegen der nunmehr afrikanischen Regierung war und ist die Verbesserung der Lebensbedingungen für die breite Masse der Bevölkerung. Die Asiaten wurden daher kaum zur Integration in den afrikanischen Volkskörper ermuntert. Im Gegenteil, in Kenia wird eine ausdrückliche Politik der Afrikanisierung betrieben, mit dem Ziel, Asiaten ohne kenianische Staatsbürgerschaft aus ihrer starken Position – besonders im Handel – zu vertreiben. So stehen viele Asiaten mit ehemaligem britischen Auslandspaß vor der Alternative, entweder die kenianische Staatsangehörigkeit zu erwerben oder Gefahr zu laufen, ihre Existenzgrundlage über kurz oder lang zu verlieren.

Einflußreiche afrikanische Politiker aber sehen am Beispiel des Zusammenbruchs weiter Wirtschaftsteile Ugandas, dessen Diktator, Idi Amin, alle Asiaten vertreiben ließ, daß es ohne die Erfahrungen und Fähigkeiten der über 140.000 Asiaten (noch) nicht geht.

Weiters nicht zu trennen von den Stammesdifferenzen sind die immer stärker werdenden sozialen Spannungen und die Entstehung neuer besitzender Klassen in einem Land, das noch vor hundert Jahren privaten Grundbesitz nicht kannte, ebensowenig wie ausgeprägte soziale Abstufungen. Aber innerhalb der letzten beiden Jahrzehnte ist eine neue afrikanische Elite entstanden. Diese sehr kleine Gruppe umfaßt alle diejenigen, die sich durch Ansehen, Macht und Reichtum von der Masse der Bevölkerung abheben. Sie teilen unter sich einflußreiche Positionen in Politik, Verwaltung, Wirtschaft, kirchlichen und kulturellen Institutionen auf. Die neue Führungsgruppe löst die aus lokalen Herrschern, Ältesten, Medizinmännern und Händlern bestehende traditionelle Elite ab. Dieser Wandlungsprozeß vollzieht sich in den Städten und dem sie umgebenden Land, in entlegenen Teilen des Landes dagegen bestehen weitgehend noch die traditionellen Systeme und Strukturen.

Die Entstehung dieser neuen Elite hat ihre Hauptwurzel im Aufbau eines westlichen Schulsystems. Die erste Generation der dort heranwachsenden „Intelligenz", vor allem aus Kikuyugebieten, stellt heute viele Führer der Nationalbewegung, an erster und hervorragendster Stelle Jomo Kenyatta selbst. Eine weitere Hauptwurzel ist in den Mau-Mau-Kämpfen zu suchen. Einige der Freiheitskämpfer aus diesen Zeiten sind heute in vordersten Positionen.

Kenia ist faktisch Einparteienstaat und kaum als Demokratie zu bezeichnen. Die Praxis des Stimmenkaufs ist weit verbreitet, es fehlt eine wirklich legale politische Alternative. Es ist den Massenmedien nicht erlaubt, gesellschaftspolitische Zielvorstellungen in Frage zu stellen, Pressefreiheit gilt nur, solange die Regierung nicht mit destruk-

Ein Bougainvillea-Baum im Stadtpark von Nairobi

Das Zentrum Nairobis über den Uhuru-Park hinweg. Das Bild wird vom Rundturm des Kenyatta-Konferenzzentrums beherrscht, an das sich rechts im Bild der Uhrturm des Parlaments und verschiedene andere Regierungsgebäude anschließen. Links im Bild erheben sich die Bürohochhäuser der City, geschäftliches Nervenzentrum für ganz Ostafrika. Der weitläufige Uhuru-Park dient während der Nationalfeiertage, wie etwa dem Kenyattatag, als Versammlungsplatz und Paradeplatz

tiver Kritik herausgefordert wird. Praktisch sind die wenigen Zeitungen des Landes gleichgeschaltet.
Die Haltung der Regierung ist verständlich, sie drückt eine tiefe Unsicherheit aus, die ihre Ursache in einer wohl allgemeinen Identitätskrise hat.
Die afrikanische Führungsschicht – und nicht nur sie – versucht, sich weitgehend an westliche Lebens- und Verhaltensweisen anzulehnen (wohl deshalb werden die Angehörigen dieser Schicht des öfteren „white blacks" genannt), steht aber dabei mit diesem Versuch zwischen zwei Fronten. Die neue Elite ist ihrer eigenen Tradition bereits entfremdet und noch nicht eingegangen in die westliche Gedankenwelt. Neue Wertkategorien und Zielvorstellungen aber sind schwer zu erreichen und das Bekennen zu neuer Identität hat nur temporären Charakter. Der Abstand zwischen dieser neuen Elite und einem Großteil ihrer Landsleute vergrößert sich indes zusehends.
Dabei ist den afrikanischen Führern das ehrliche Bemühen um eine Verbesserung der Lebensgrundlagen der Wananchi (des einfachen Volkes) sicher nicht abzusprechen, doch es erhebt sich die Frage, ob sie die Probleme des kleinen Bauern auf dem Land wirklich noch verstehen.
Im heutigen Kenia besitzt weniger als ein Prozent der Bevölkerung höhere Schulbildung, obwohl das sich stark ausweitende Schulsystem des Landes vorbildlich für die meisten afrikanischen Staaten ist, die Analphabetenrate sinkt und die Zahl der Abgänger von höheren Schulen und den beiden Universitäten des Landes kontinuierlich wächst. Rund zehn Prozent der Bevölkerung verdienen mehr als 1000 Kenia-Schilling (ca. 300 DM) monatlich. Ein Großteil der gebildeten Afrikaner arbeitet im öffentlichen Dienst und bezieht unverhältnismäßig hohe Gehälter. Die Lohnstruktur hat ihre Wurzeln in der Kolonialzeit, als höhere Positionen fast ausschließlich Weißen vorbehalten waren und ihre Bezahlung natürlich nach europäischen Skalen erfolgte. Heute lassen sich diese Gehälter schlecht heruntersetzen. Doch die Bezahlung hoher Gehälter entfremdet die Angehörigen des öffentlichen Dienstes weiter vom einfachen Volk.
Die schon erwähnte Identitätskrise wird durch die immer noch anhaltende Missionstätigkeit europäischer und amerikanischer Kirchengemeinschaften intensiviert. Die gepredigten Wertvorstellungen stehen oftmals in scharfem Gegensatz zu den althergebrachten Traditionen. So setzte etwa schon in den dreißiger Jahren eine heftige Kampagne seitens der katholischen Kirche gegen die Beschneidung der Kikuyu-Jugend ein. Fortan war es möglich, die heranwachsende Generation in Beschnittene und Unbeschnittene zu unterteilen, wobei letztere nicht mehr als vollwertige Mitglieder der Stammesgemeinschaft akzeptiert wurden. Unbeschnittene Mädchen wurden für unmoralisch gehalten. Sie konnten nur schwer einen Mann finden, und es sind nicht wenige, die im kirchlichen Feldzug gegen die Beschneidung eine der Wurzeln für die weitverbreitete Prostitution in Kenias Städten sehen.
In dem einstmals einheitlich an Naturreligionen glaubenden Raum des ostafrikanischen Hochlands ist heute eine bunte Glaubenspalette zu finden. Rund fünfzig Prozent der Bevölkerung zählen sich zu einem der zahlreichen christlichen Glaubensbekenntnisse.
Missionsgesellschaften haben gerade im Gesundheits- und Schulwesen Großes vollbracht und vollbringen es gerade in den abgelegenen Teilen des Landes heute noch. Nicht selten jedoch ist alten Überlieferungen und Glaubenselementen in unverantwortlichem Maße entgegengetreten und besonders im ländlichen Raum ein Keil zwischen schon Bekehrte und Anhänger von Naturreligionen getrieben worden. Auf spezifisch afrikanische Elemente wird erst in jüngster Zeit verstärkt Rücksicht genommen.
Es muß aber festgehalten werden, daß von offi-

zieller staatlicher Seite das Prinzip der Religionsfreiheit in bewundernswerter Weise eingehalten wird. So ist Kenia eines der wenigen Länder der Erde, in dem Animisten, Moslems, Anhänger indischer Religionen (Sikhs, Hindus, Ismaeliten) und Christen jeden Couleurs friedlich zusammenleben.

In zahlreichen Publikationen wird Kenia als das „Musterland Afrikas" bezeichnet. Diese Feststellung ist in vielerlei Hinsicht richtig.
Trotz der schon genannten politischen und gesellschaftlichen Schwierigkeiten wurde nach der Erreichung der Unabhängigkeit das von den Briten übernommene System nicht wesentlich verändert, die Lage blieb stabil, was umso verwunderlicher war, als die Unabhängigkeit hart erkämpft worden war. Der Vergleich mit der Entwicklung in den Nachbarstaaten zeigt, wie klug man damals gehandelt hat, als man 1963 den Kontakt mit dem ehemaligen Kolonialherrn nicht abbrach, sondern auf politischen und wirtschaftlichen Gebieten sogar auf andere westliche Länder ausweitete.
Doch kann sich diese Situation sehr schnell ändern, denn sowohl die politische als auch die gesellschaftliche Stabilität eines jungen afrikanischen Staates ist zum einen abhängig von den Einflüssen, die von außen hereingetragen werden, zum anderen von der Präsenz und Fähigkeit einzelner Führerpersönlichkeiten.
Die politische Stabilität war Hauptgrundlage für das kleine „kenianische Wirtschaftswunder", das sich in einer starken Wachstumsrate im gewerblichen und industriellen Sektor niederschlägt. In nahezu allen Bereichen der verarbeitenden Industrie findet man bereits im Inland gefertigte Erzeugnisse.
Doch bei näherer Betrachtung verliert dieses Wirtschaftswunder viel von seinem Glanz. Es wird allzuleicht übersehen, daß es vor allem ausländische und internationale Gesellschaften sind, die im ruhigen, arbeitskampflosen Kenia ihre Niederlassungen gründen und daher nicht von Kenia aus gesteuert werden. Überdies transferieren sie ihre Gewinne häufig ins Mutterland. Die tatsächlich angebotenen Produkte richten sich in ihrer Auswahl oft nach den Möglichkeiten und dem Angebot der Mutterkonzerne und nicht nach den Notwendigkeiten des Landes.
Darüber hinaus werden hochklassige Investitionsgüter in immer steigendem Maße importiert, seitdem die Exporterlöse vor allem von Kaffee und Tee die Währungsreserven haben anschwellen lassen. Aber es erhebt sich die Frage, ob die momentane für Kenia glückliche Lage auf dem Weltmarkt nicht für dringender benötigte Maschinen und Ausrüstungen genützt werden sollte.
Die blühende Touristikindustrie als weitere wichtige Devisenquelle ist eine zusätzliche Komponente des kenianischen Wirtschaftswunders. In der Tat, das heute gebotene Bild ist imponierend und beachtlich. Die Teile der Küste um Malindi und Mombasa sind voll erschlossen und bieten allen Komfort, den ein Urlauber aus den USA oder Europa erwarten kann. Es gibt ein reiches Angebot von Safaris in das Landesinnere zu den zahlreichen Nationalparks, dessen immer noch weitverbreitetes Wild durch die klugen Maßnahmen des Game Departments geschützt ist. Man ist sich bewußt, daß die Tierwelt ein Garant auch für die zukünftige touristische Entwicklung ist.
Ein Netz von Lodges, die sich beim Besuch fast ausschließlich als luxuriöse Hotels inmitten prachtvoller Landschaft und reicher Tierwelt entpuppen, ist Indikator für eine sich ständig verbessernde touristische Infrastruktur auch im Landesinneren, weitab von der Küste. Einzig der „Große Norden" des Landes bietet noch nahezu unberührte Wildnis, in der die Entwicklung des modernen Kenias nur punkthaft bemerkbar wird. All die genannten durchaus positiven Entwicklungen zeichnen wahrlich das Bild eines Musterlandes von Afrika, dessen Rückseite jedoch alle die, die in diesem Land Verantwortung tragen, zum Nachdenken ermahnen muß.

Unten – Die Jaima-Moschee im Zentrum von Nairobi: Der starke indische Einschlag zeigt, woher die Erbauer kommen und wo die Vorbilder stehen

Rechte Seite – Vor der Jaima-Moschee in Nairobi. Der Islam kam schon im 8. Jahrhundert nach Kenia und hat vor allem bei den Küstenstämmen Fuß gefaßt, aber auch bei den Nomaden des Nordostens und verstreut über das ganze Staatsgebiet. Rund 7 Prozent der Kenianer bekennen sich zum Islam

Die Durchschnittsbevölkerung des Landes ist heute 15 Jahre alt – so alt, wie der Staat selbst. Die Bevölkerung vermehrt sich mit jährlich 3,3 Prozent Zuwachs. 1978 wird sie auf 16 Millionen geschätzt. Bis zum Jahre 2000 wird sie sich verdoppelt haben. Der augenblickliche Zuwachs von rund 500.000 Menschen jährlich muß ernährt werden. Doch fruchtbare Böden sind schon heute knapp und die schnell wachsenden Städte werden auch in Zukunft nur wenig zusätzliche Arbeitsmöglichkeiten bieten. Als Folge dieser Tatsache wächst die Bevölkerungsdichte schon jetzt über die landwirtschaftliche Ernährungskapazität, während große unfruchtbare Teile des Landes weiterhin fast menschenleer bleiben. Es fehlt das Geld, um dort das wirtschaftliche Potential zu heben; als Folge davon wird die Bevölkerungs- und Wirtschaftsbilanz innerhalb des Landes immer unausgeglichener, und es ergibt sich die Gefahr, daß der erarbeitete Fortschritt durch die Unfähigkeit, der Bevölkerungsexplosion Herr zu werden, zunichte gemacht wird. Einmal mehr wird das Dilemma deutlich, in dem viele der führenden Männer Kenias stecken, ganz zu schweigen von den breiten Bevölkerungsmassen.

Die Tradition schreibt viele Kinder vor, als Statussymbol und zur späteren Versorgung im Alter. Bevölkerungspolitik und verfügbare Ressourcen aber machen eine Senkung der Geburtenrate auf mindestens die Hälfte unumgänglich, jedoch fehlen die Mittel, um eine staatliche Altersversorgung zu garantieren, die eine hohe Kinderanzahl überflüssig machen könnte. Überdies lassen sich jahrhundertealte Traditionen nicht so ohne weiteres überwinden, selbst, wenn man wollte.

So vereinigt Kenia viele Attribute auf sich, für die einen als Traumland am Indischen Ozean, für andere als großer Zoo – voll von bestaunenswerten Menschen und Tieren. Wieder andere sehen Kenia als das Beispiel für transferierbare westliche Polit- und Wirtschaftssysteme.

Doch bleibt das Land ein Stück Afrika, das die in Kolonialzeiten begangenen Fehler zeigt und uns in seinen Bemühungen, diese Fehler zu beseitigen, alle Hochachtung abverlangt.

Für eine Bewertung der Leistungen dieses jungen Staates fehlt der Maßstab, da eine europäische Bewertungsskala nicht zulässig ist.

Die Zukunft wird zeigen, ob der eingeschlagene Weg der Eigenständigkeit zu dem einen Ziel führt, das alles entscheiden wird. Und dieses Ziel kann nur eine friedliche Entwicklung sein, die letzten Endes allen Bewohnern zugute kommen muß.

Als am 21. August 1978 der erste Präsident des Landes, Jomo Kenyatta, starb und gemäß der Verfassung der Vizepräsident Daniel Arap Moi für neunzig Tage zum Präsidenten vereidigt wurde, zeigte sich schon damals deutlich, daß die Führungsschicht des Landes die Konstitution einzuhalten gewillt war. Mittlerweile sind zwei Jahre vergangen und die Einstimmigkeit, mit der Arap Moi auch nach seiner Interimsregierung zum Präsidenten gewählt wurde, zeigt ebenso deutlich wie die Parlamentswahlen vom Herbst 1979, daß die übertragene westliche Zivilisation in das Bewußtsein der herrschenden Afrikaner bereits sehr weit eingedrungen ist. Wenngleich die Regierung ohne offizielle Opposition geblieben ist, wenngleich auch nach wie vor die öffentliche Meinung von oben diktiert wird und die von den Engländern übernommene Autokratie sichtbar bleibt, so geben doch die innerpolitische Ruhe und die ausgewogene Politik nach außen ein beredtes Zeugnis ab von der Reife Jomo Kenyattas Nachfolger.

Nationalparks und -Reservate

Bemerkungen zur derzeitigen Lage

1976 wurde der sogenannte „Wildlife Conservation and Managment Act No. 1" publiziert.
Seit diesem Zeitpunkt gibt es nur mehr Nationalparks und Nationalreservate, die legalen Titel „Game Sanctuary" und „Game Reserve" wurden hiermit aufgelöst.
Die Verwaltung untersteht dem Game and Wildlife Conservation Department, Ministry for Tourism and Wildlife.
Die früheren Unterschiede in der Verwaltung gibt es nicht mehr, der Unterschied zwischen Nationalpark und Nationalreservat besteht heute in den Landbesitzverhältnissen. Die Gebiete des Nationalparks gehören dem Staat, während Gebiete der Nationalreservate Eigentum der County Councils sind (Countys sind ein Mittelding zwischen Land und Bezirk mit erheblichen legislativen Gewalten).
In Nationalparks sind menschliche Siedlungen generell verboten, während Siedlungen und Weidetätigkeit in Randgebieten der Nationalreservate erlaubt und auch mit Ausnahme der Mara- und Amboseli-Reservate vorhanden sind. In den beiden letztgenannten Gebieten werden die Weiderechte der dort wohnenden Masai in der Regel einmal im Jahr pauschal abgegolten.
Bevor ein allgemeines Jagdverbot im April 1977 verhängt wurde, war es erlaubt, nach Blöcken unterteilt, auch in den Game Reserves aus „wissenschaftlichen" Gründen oder zur Erhaltung der Bestände zu schießen. Seit dem Jagdverbot aber fällt dieser Unterschied weg.
Das allgemeine Jagdverbot wurde ausgesprochen, um der weitverbreiteten Wilderei Einhalt zu gebieten. Man hat aber dieses Ziel nicht erreicht, da nun auch die Kontrolle der „professional hunters" in ihren jeweiligen Bereichen wegfällt und die sogenannten „anti poaching units" der Regierung allein zu schwach und zu wenige sind, als daß sie die riesigen Gebiete besonders östlich des Mount Kenia wirkungsvoll kontrollieren könnten.
Das Wildern bleibt nach wie vor also ein Hauptproblem für den Wildbestand, umsomehr, als die Impulse ganz offenbar von oberster Stelle in der Regierung kommen.
Dazu kommt, daß die Tradition der Somali und Borana, aber auch anderer kuschitischer Stämme, das Jagen als eine ehrenhafte Sache für angehende Krieger immer noch propagiert.
Es sind auch vor allem die Somali, denen in der Öffentlichkeit das Wildern angelastet wird, was aber sicher nur zum Teil richtig ist. Richtiger ist, daß der enorme finanzielle Anreiz durch die hohen Elfenbeinpreise Ursache für das Wildern ist. Dadurch sind vor allem Elefant, Nashorn und auch Warzenschwein gefährdet. Für das Nashorn ist die Gefahr besonders groß, da dem zerriebenen Horn in Ostasien potenzstärkende Wirkung zugeschrieben wird und so große Ladungen von Rhinozerus-Hörnern das Land in diese Richtung verlassen.
Hand in Hand mit dem Jagdverbot ist ein Verbot des Verkaufs von Jagdtrophäen und Elfenbein ergangen. Ein ganzer Geschäftszweig verlor somit über Nacht all seine Kundschaft, aber der Elfenbeinhandel ist damit nicht wirklich unterbunden, sondern wird im Untergrund weiterhin betrieben. Auch hier sollen höchste Kreise die Hand im Spiel haben.
In den Nationalparks ist der Schutz gegen Wilderer natürlich besser als in anderen Bereichen, aber auch z. B. im Tsavo N.P. werden jährlich Hunderte von Elefanten getötet, was man aber in der Öffentlichkeit zu vertuschen sucht.
Andererseits aber weisen Tsavo West und Ost sowie Amboseli und teilweise auch Masai Mara schon beträchtliche Überpopulationen auf, die auf den Eingriff durch den Menschen zurückzuführen sind.
In touristisch besonders attraktiven Gegenden hat man künstlich Wasserlöcher angelegt (etwa an

Giraffe beim Trinken im Amboseli-Reservat.
Gerne vergesellschaften sich Giraffen mit Zebras

Zebras im Amboseli-Reservat. Im Hintergrund der Kilimandscharo, mit 5895 m der höchste Gipfel Afrikas, gehört bereits zu Tansania

Lodgen, so daß das Betrachten von Wild vom Lehnstuhl aus möglich wird). Diese Wasserlöcher haben eine vermehrte Anzahl von Wild angezogen, zuviel Wild, als daß es auch in immer wieder auftretenden Trockenzeiten getränkt werden könnte. Das Ergebnis sind Massensterben, wie es sie in den sechziger Jahren gegeben hat.
Gerade der Elefant ist aktiver Landschaftsgestalter. Kommt er in zu großen Dichten vor, sterben Bäume und Sträucher ab, das ökologische Gleichgewicht beginnt sich zu ändern und die Landschaft wird unattraktiv, da ihr jegliches Grün fehlt. Wir haben es also mit einem Phänomen zu tun, das einerseits die Verarmung von Großwild in Außerparkbereichen, andererseits die Überbevölkerung in Parkbereichen zeigt.
Die ursprüngliche Idee, eine Landschaft mit intaktem ökologischen Gleichgewicht inklusive einer intakten Tierwelt zu erhalten, gerät so ins Wanken.
Zusätzlicher Konfliktstoff ist in der Beziehung zur Landwirtschaft gegeben. Einerseits werden durch die Nationalparks wichtige Weideflächen okkupiert, andererseits aber wirken sich hohe Populationen in den Parks auch auf die intensiv genutzten anschließenden landwirtschaftlichen Flächen aus, wie es etwa an den Abhängen der Aberdares oder im Laikipia County der Fall ist. Beide Bereiche werden immer wieder von herumziehenden Elefantenherden heimgesucht, und die erbosten Bauern drohen schon längst mit dem Vergiften der Tiere.
Einen gesonderten Fall stellen die Krokodile des Landes dar. Sie sind von der Ausrottung bedroht, was mehrere Gründe hat. Zum einen läßt sich in Europa und Amerika offensichtlich das Verarbeiten des Krokodilleders nicht einstellen oder wenigstens beschränken, zum anderen stellen die Krokodile eine nicht unerhebliche Belastung für die Fischerei im Victoriasee und dem Turkanasee dar. Im Victoriasee sind die Krokodile schon fast gänzlich verschwunden, während die Krokodile im Turkanasee noch recht zahlreich sind, da ihre Haut, die durch das Soda des Sees bedingt sich von den Häuten der anderen Krokodile unterscheidet, sich nur schlecht verarbeiten läßt. Die immer stärker aufkommende kommerzielle Fischerei im Turkanasee aber läßt das gleiche Schicksal auch für die Krokodile dieses Teiles von Kenia befürchten.
Fast alle Raubkatzen des Landes, besonders aber der Leopard, der Gepard, Karakal und Serval, sind vom Aussterben bedroht, was ebenfalls auf ihr begehrtes Fell zurückzuführen ist. Der Löwe dagegen hat weniger zu befürchten, da sein Fell sich nur schlecht verarbeiten läßt. Auch gibt es ihn bei weitem zahlreicher als obengenannte Tiere.
Das Breitmaulnashorn war bereits ausgerottet worden, die wenigen Exemplare im Meru-Nationalpark sind von Südafrika hier eingeführt worden; das Spitzmaulnashorn ist von der Ausrottung bedroht. Ebenso gefährdet sind Flußpferde.
Weite Teile der Nationalparks sind Tsetse-verseucht. Daher werden diese Areale ohnehin von Menschen und domestizierten Tieren gemieden (vor allem das Rind ist gegenüber der Nagana – der Rinderschlafkrankheit – anfällig), aber Tsetsefreie Gebiete stellen natürlich auch ein soziales Problem dar, da der einfache Afrikaner kaum den Sinn einer solchen Einrichtung verstehen kann und er nur das offenkundige Faktum eines Areals, das für ihn und seine wirtschaftliche Betätigung gesperrt ist, sieht. Darüber hinaus sind große Teile der Parks touristisch schon so erschlossen, daß hier ganz offensichtlich zwei Welten aufeinanderprallen: auf der einen Seite die des traditionellen Afrikas, auf der anderen Seite die des modernen Europas mit seinem voll durchorganisierten und kommerziellen Touristikgeschäft. Dieses Unverständnis des Afrikaners ist nicht mißzuverstehen, ist er doch an das ihn umgebende Wild gewöhnt und sieht es oft nur als Gefahr für sich und seine Herden.
Vielleicht sollte man auch unter diesem Aspekt die

Errichtung neuer Reservate betrachten. Sie liegen alle ohne Ausnahme in völlig unberührten Bereichen des Landes und sind mit wenigen Ausnahmen kaum erschlossen. Sie sind wahrscheinlich auf lange Sicht eher dazu geeignet, dem ursprünglichen Ziel der Nationalparkidee näherzukommen, da in ihnen das ökologische Gleichgewicht noch erhalten ist. Auch gehen immer mehr Reiseunternehmen des Landes dazu über, „abenteuerliche“ Safaris in diese neuen Bereiche anzubieten, abseits der Hotels in einfachen Lagern; eine wehmütige Erinnerung an die alte Buschromantik offensichtlich, die aber Anklang findet.
Gerade die im östlichen Teil des Landes gelegenen Nationalreservate haben überdies eine weitere Attraktion anzubieten, nämlich den Menschen, der noch unberührt von westlichem Fortschritt und kommerziellem Denken in Eintracht mit der Landschaft und der Tierwelt lebt.
Abgesehen von der oben kurz skizzierten Problematik der Nationalparks aber muß festgestellt werden, daß wahrscheinlich nirgendwo anders auf der Erde der Wert des Wildbestandes so deutlich wie in Kenia erkannt wurde und auch nirgendwo so viel für die Erhaltung desselben getan wird. Und im Vergleich zu allen afrikanischen Ländern, mit der Ausnahme von Tansania vielleicht, ist der Wildtierbestand Kenias immer noch der bei weitem dichteste und abwechslungsreichste.

Nationalparks (N.P.)

1. Nairobi N.P.:
Mittel-Kenia, südöstl. Nairobi, Haupttor 6 km von der Stadt entfernt.
117 km², 1500–1800 m ü. d. M., größtenteils Grassteppe und Baumsavanne (Akazien), im W-Teil dichter bewaldet, im SO das tief eingeschnittene Tal des Athi River. Im N und W ist der N.P. gegen die Bahnlinie und Hauptstraße durch einen Wildzaun begrenzt.
Impala, Grant- und Thompson-Gazelle, Kongoni, Elen, Schwarzschwanzgnu, Wasserbock; Kaffernbüffel; Giraffe; Zebra; Spitzmaulnashorn (nur wenige Stück); Flußpferd, Löwe, Leopard, Strauß, Sekretär.
Tiere wegen der meist sehr großen Besucherzahl besonders vertraut. Hervorragende Fotomöglichkeiten. Störend wirkt oft die große Zahl von Touristenautos.
N.P. ganzjährig geöffnet; jede Nacht von 19 bis 7 Uhr geschlossen.
Unterkunft: Hotels aller Kategorien in und bei Nairobi.
Im S schließt das **Kitengela-**Wildschutzgebiet (etwa 300 km²) an.
Die Wildherden des Nairobi N.P. wandern zwischen dem Park und den angrenzenden Schutzgebieten hin und her.

2. Tsavo N.P.
S-Kenia, 250 km südöstl. Nairobi (Mtito-Andei-Tor), 150 km nordwestl. Mombasa (Voi-Tor).
21.000 km², 600–2600 m ü. d. M. Tsavo P. West: altes vulkanisches Hügelland mit den berühmten Quellen von Mzima (zahlreiche Flußpferde, Unterwasserbeobachtungsstand).
Tsavo P. Ost: Ausgedehnte, trockene Ebenen mit dem Yattaplateau. Zwei Hauptflüsse, Tsavo und Athi, vereinigen sich im N.P. zum Galana-Sabaki, der nördl. von Malindi in den Indischen Ozean mündet.
Trockensavanne mit Akazien, Wolfsmilchgewächsen, Baobab, Dumpalme. An den Wasserflächen Papyrus, Wilde Dattelpalme, Raphiapalme.
Größter Wildbestand Kenias: u. a. zahlreiche Antilopenarten, Zebra, Giraffe, Kaffernbüffel, Flußpferd, Spitzmaulnashorn (zahlreich), etwa 20.000 Elefanten, Löwe, Leopard. Im NW schließt das **Chyulu-Wildschutzgebiet** an.
N.P. ganzjährig geöffnet. Tsavo Ost nur südlich

des Galana Rivers zugänglich. Besonders Tsavo-W mit engmaschigem Straßennetz (etwa 800 km).
Unterkunft: Ngulia-, Kilaguni- und Voi-Lodge (Safarihotels), Aruba- und Kitani-Lodge (Selbstbedienung). Außerdem Hotels und Lodges in den an den Parkgrenzen liegenden Orten Kibwezi und Mtito Andei (an der Hauptstraße von Nairobi), Voi und an den Hängen der Taitaberge (Taita Hill und Salt Lick Lodges an der Straße nach Taveta und Moshi).

3. Meru N.P.

N-Kenia, östl. des Mount Kenia.
950 km², 300–1320 m ü. d. M., direkt unter dem Äquator.
Die SO-Grenze des N.P. bildet der Tana-River. Teils sumpfiges Flach-, teils felsiges Hügelland. Viele Bäche und kleinere Flüsse, Grassteppen, Baumsavanne (Akazienwälder), dichte Buschgebiete, Palmenwälder an den Gewässern.
Reicher Großwildbestand: Elen, **Kleiner Kudu**, Oryx, Buschbock, Kenia-Kuhantilope, Impala, **Gerenuk**, Ducker u. a. Antilopenarten, Burchell-Zebra, **Grevy-Zebra**, Netzgiraffe, Flußpferd, Spitzmaulnashorn, **Breitmaulnashorn** (aus der Südafrikanischen Republik eingeführt), Warzenschwein, Löwe, Leopard, Gepard, Krokodil. Besonders reiche Vogelwelt. **Somalistrauß.**
Unterkunft: Mulika-Lodge (1973 eröffnet) und Leopard-Rock-Lodge (Selbstverpflegung). Zufahrt mit Pkw in 8 bis 9 St. von Nairobi über Thika, Karatina, Nanyuki, Meru und Tigania (470 km, bis Meru geteerte Straße, Asphaltierung bis Mana).
Im N.P. etwa 300 km Pisten.
Wege dürfen mit den Fahrzeugen nicht verlassen werden. Wegen der reichen Vegetation Beobachtung und Fotografieren von Großwild verhältnismäßig schwierig. Jedoch großartige Landschaftsbilder und zahlreiche ornithologische Beobachtungen immer gegeben.

4. Mount Kenya N.P.

Mittel-Kenia. Etwa 220 Straßen-km nördl. von Nairobi. Hauptzufahrt ist die sogenannte Naro-Moru-Route, die bei Naro Moru in Richtung zum Berg abzweigt und bis zur Meteorologischen Station in 3100 m Höhe führt.
700 km²; Gebiet des sich fast genau über dem Äquator erhebenden, 5194 m hohen Mount Kenia, des zweithöchsten Berges Afrikas.
Parkgebiet zum großen Teil über 3150 m Meereshöhe, über der Waldgrenze. Fels- und Gletscherzone, zahlreiche Bergseen, Moränen, Hochmoore. An den tropischen Bergregenwald schließt sich gipfelwärts eine Bambuszone an, darüber, zwischen 3300 und 4500 m Höhe ein Gürtel der Riesengreiskräuter und Lobelien („Schopfbäume"), daran die alpine Zone mit vielen z. T. seltenen Hochgebirgspflanzen. Außer dem Gebirgsgebiet gehören zum Park noch zwei Landschaftsstreifen im Vorland beiderseits der Sirimon- und der Naro-Moru-Route.
In den unteren Regionen: u. a. Kaffernbüffel, Elefant, Spitzmaulnashorn, Löwe, Steppenzebra, Warzenschwein, Klippschliefer. Im Bergregenwald u. a. Bongo-Antilope, Riesenwaldschwein, Seidenaffe, Leopard; besonders viele Vogelarten.
Unterkunft: Im Park selbst folgende Übernachtungsmöglichkeiten: Teleki Hut, Mackinder's Camp, Austrian (Top) Hut, Klarwill's Hut, Jampi ya K.A.R, Two Tarn Hut, Kami Hut. Am Rand des Parkgebietes Mountain-Lodge, Secret Valley Lodge, Mount Kenya Safari Club Lodge, z. T. nur mit hoteleigenen Fahrzeugen erreichbar.

5. Aberdare N.P.

Mittel-Kenia. Von Nairobi nach N: Entweder etwa

←
Vor dem Samburu-Reservat. Nicht zu Unrecht trägt die Netzgiraffe ihren Namen. Der lange Hals gibt zu falschen Schlüssen Anlaß, denn auch ihn tragen, wie bei anderen Säugetieren, nur sieben Wirbelknochen

Linke Seite oben – Neben den gezeigten Steppenelefanten gibt es auch eine kleinere Art, den Rundohrelefant, der Waldbewohner ist. Allerdings gibt es viele Übergänge, sodaß diese Unterteilung manchmal angezweifelt wird

Linke Seite unten – In der Steppe des Masai-Mara-Reservats. Um Wasser zu erreichen, legen Nashörner weite Strecken zurück. Die Sonne steht tief, die Schatten fallen flach. Zur heißen Mittagszeit suchen sie den Schatten auf

Unten – Im Samburu-Reservat. Das Elefantenkalb folgt seiner Mutter auf Schritt und Tritt. Das Gesäuge ist allerdings zwischen den Vorderbeinen

140 km zum Königintor bei Naivasha oder etwa 170 km zum Osttor bei Nyeri.
800 km²; Hochgebirgsgebiet zwischen 2000 und 4000 m Meereshöhe. Eine Straße durchquert den Park in westöstlicher Richtung, Paßhöhe 3000 m (während der beiden Regenzeiten ist die Parkstraße gesperrt). Großartige Gebirgslandschaft mit Bergregenwald, Baumlobelien, baumartiger Heide, Bambusdickichten und ausgedehnten Mooren.
Elefant, Spitzmaulnashorn, Kaffernbüffel, Schirrantilope, **Bongo,** Buschbock, Wasserbock, Warzenschwein, **Riesenwaldschwein, Seidenaffe,** Leopard u. a. Artenreiche Vogelwelt.
Unterkunft: Treetops-Hotel, das vom Outspan-Hotel in Nyeri, und The Arc, das vom Aberdare Country Club (etwa 15 km nördl. von Nyeri) mit hoteleigenen Fahrzeugen erreicht werden kann. Wildbeobachtungen am Tage nur verhältnismäßig spärlich. Hauptsächlich an den Wasserstellen und künstlichen Salzlecken von den Aussichtsplattformen der genannten Hotels, wobei große Scheinwerfer die Beobachtung der Tiere während der Dämmerung bzw. in der Nacht ermöglichen.
Für echte Naturfreunde sind diese beiden berühmten Parklodges trotz des Touristenrummels zu empfehlen, da nur hier mit einiger Sicherheit das Spitzmaulnashorn und das Bongo in freier Wildbahn gesehen werden können.

6. Mount Elgon N.P.

An der Grenze zu Uganda gelegen.
1200 km². Landschaft, Pflanzen- und Tierwelt wie in den anderen zwei Hochgebirgsparks (Mount Kenya N.P. und Aberdare N.P.).
Unterkunft: Mt. Elgon Lodge. Der Park gewinnt für Wanderungen wegen der herrlichen Landschaft, zunehmend an Bedeutung.

7. Nakurusee N.P.

In NW-Kenia, nur 2 km von der Stadt Nakuru (38.000 Einw.) gelegen; von Nairobi über gute Asphaltstraße (155 km) zu erreichen.
57 km². Soda-Salzsee im Großen Afrikanischen Graben. 1750 m ü. d. M. Der N.P. umfaßt nur den etwa 40 km² großen See und einen schmalen Uferstreifen. Piste am Seeufer.
Uferwald mit Gelbrindenakazien, Papyrusbestände, auf den Uferfelsen Baumeuphorbien.
Etwa 350 Vogelarten, besonders große Mengen von Flamingos (Rosaflamingo und Zwergflamingo), in manchen Jahren über 1 Million, Pelikane, Reiher, Marabus, Enten und zahlreiche Arten anderer Wat- und Wasservögel. Auch sehenswerte kleinere Säugetiere: Riedbock, Dikdik, Wasserbock, Klippspringer, Anubis-Pavian, Baum- und Buschschliefer. Das Südufer ist für das Vorkommen von Leoparden bekannt.
Unterkunft: Hotels in Nakuru, außerdem in der Lake Nakuru Lodge und in einem erstklassig ausgestatteten Zeltlager. See durch Einleitung von Abwässern von Nakuru gefährdet.

8. Ol Doinyo Sapuk N.P.

50 km nördl. von Nairobi.
18,4 km², Gebiet des gleichnamigen Berges. Sehr natürlicher Bergwald. Zahlreiche Arten von Waldtieren.

9. Bogoria-See N.P.

Im Nordwesten Kenias. Von Nakuru aus über geteerte Straße bis Mogotio, von dort auf neuer Erdpiste zum Südufer des Sees. Auch am Ost- und Westufer neue Erdstraßen. Am Südufer eine große Wildhüterstation. Etwa 200 km² (See und Umgebung). Ausweichgebiet für die Flamingos des Nakurusees. Seit 1978 hier bereits mehr Flamingos als am Nakurusee.
Am Westufer Geysire und heiße Quellen.
Unterkunft: Lake Baringo Lodge, 25 km nördl. des Nordeinganges des Parks, und in dem erstklassigen Island Camp im Baringo-See. Versch. Charterfirmen fliegen den Flugplatz bei der Lodge an.

10. Malindi-Watamu-Meeres-N.P.

15 km². Korallenriffe der Watamu-Bucht und vor der Küste bei Malindi am Indischen Ozean.
Unterkunft: Hotels in Malindi und in Watamu.

National-Reservate (N.R.)

1. Marsabit N.R.
Im N Kenias. Von Nairobi 560 km über Thika, Karatina, Nanyuki, Isiolo und Archers Post (bis Isiolo Teerstraße). 2000 km^2, 1200–1700 m ü. d. M. Halbwüste und Dornbuschsteppe. Im NO des Reservats die Marsabit-Berge mit erloschenen Vulkanen. Berühmt ist der Kratersee „Lake Paradise". Reicher Großwildbestand mit u. a. Großem Kudu, Netzgiraffe, Grevy-Zebra, Spitzmaulnashorn, Kaffernbüffel, Elefant (zahlreich).
Unterkunft: Marsabit Lodge (erstklassige Unterkunft).

2. Shimba-Hills-N.R.
S-Kenia. 192 km^2. Etwa 50 km südl. von Mombasa; Hügelland in Küstennähe. Neben anderem Wild die seltene Rappenantilope und die ähnlich seltene Pferdeantilope (engl. Roan). Nächster Ort: Kwale. Unterkunft am besten in Strandhotels südlich Mombasa.

3. Masai-Amboseli-N.R.
S-Kenia, an der Grenze nach Tansania.
Etwa 3000 km^2. 160 km südl. von Nairobi, auf der Straße Nairobi–Athi River–Kajiado–Namanga–Arusha (in Tansania). Ziemlich trockene, meist ebene Steppen und Savannen in etwa 1200 m Meereshöhe in der Umgebung des Kilimandscharo, des höchsten Berges Afrikas (5895 m). Im O des Schutzgebietes Sümpfe um den Ambosee, der während der Trockenzeit für mehrere Monate völlig austrocknet.
Sehr viele Arten des ostafrikanischen Großwildes in meist großen Populationen. In der Regel sehr gute Beobachtungs- und Fotomöglichkeiten. Größte Wilddichte in der Umgebung des Ambosees. Schutzgebiet leider ziemlich überlaufen. Das Land gehört den Masai, die im Schutzgebiet umfangreiche Weiderechte besitzen. Diese werden neuerdings auf der Basis von Wildzählungen pauschal abgegolten.
Unterkunft: Amboseli-Zeltlager, Amboseli-Serena-Lodge, Ol-Tukai-Lodge (beide erstklassig), Namanga-River-Hotel.

4. Masai-Mara-N.R.
An der SW-Grenze Kenias. 264 Straßen-km von Nairobi, über Kijabe, Narok nach Keekorok.
Etwa 1670 km^2. Grenzt unmittelbar an den Serengeti-N.P. jenseits der Grenze nach Tansania. Die jahreszeitlich bedingten Wanderungen des Steppenwildes der Serengeti führen zum großen Teil in das Mara-G.R. und noch darüber hinaus.
Eine der großartigsten Urlandschaften Ostafrikas in 1500 –1650 m Meereshöhe. Weite, offene Grassteppen, Akaziensavannen, Flußtäler mit Galeriewäldern. Große Bestände zahlreicher Großwildarten: Thompson- und Grant-Gazelle, Buschbock, Elenantilope, Ducker, Topi, Pferdeantilope, Schwarzschwanzgnu, Giraffe, Kaffernbüffel, Spitzmaulnashorn, Burchell-Zebra, Elefant, Flußpferd, Warzenschwein, Löwe (besonders zahlreich), Leopard, Gepard, Hyänenhund u. a.
Unterkunft: Keekorok-Lodge und Mara Serena Lodge sowie in zahlreichen Camps (alle an den Ufern des Mara Rivers), die Vollpension und sehr guten Komfort bieten.

5. Samburu-Isiolo-Buffalo-Springs N.R.
N-Kenia, 340 km nördl. Nairobi, über Thika, Nyeri, Nanyuki, Isiolo.
Zwei Wildschutzgebiete, durch den Ewaso-Ngiro-Fluß getrennt, der jedoch schmal genug ist, daß das Wild über ihn hin und her wechseln kann. Zusammen etwa 300 km^2. Meereshöhe etwa 1300 Meter, Ebenen und Hügelland, Flußtal mit Galeriewäldern. Prächtige Landschaftsbilder.
Reiche Tierwelt: Elenantilope, Buschbock, Wasserbock (2 Arten), Oryxantilope, Impala, Grant-Gazelle, Giraffengazelle (Gerenuk), Windspielanti-

Rechte Seite oben – Kaffernbüffel im Meru-Nationalpark. Der Bulle allein läßt ahnen, was unter den Hufen der Herde ganz bleibt, wenn sie in breiter Front über die Steppe rast. Viele Afrikaner fürchten kein anderes Tier so sehr wie den Büffel

Rechte Seite unten – Der Elefant – hier im Samburu-Reservat – bewirft sich mit Staub, um Parasiten und Fliegen abzuwehren

Unten – Madenhacker sind die typischen Geleitvögel mancher afrikanischer Großtiere, wie auch von diesem Spitzmaulnashorn

lope (Dik-Dik), Klippspringer, Netzgiraffe, Warzenschwein, Burchell-Zebra, Grevy-Zebra, Spitzmaulnashorn, Kaffernbüffel, Flußpferd; Löwe, Leopard, Gepard, Serval, Tüpfel- und Streifenhyäne, Hyänenhund; Krokodil; Somali-Strauß usw.
Unterkunft: Samburu Game Lodge und Buffalo Springs Lodge.

Seit dem Frühjahr 1978 sind auch einige weitere kleine Parks und National-Reservate in der amtlichen Karte vermerkt und ihr legaler Status somit eindeutig:

East Rudolf National Park
Dieser neue Park erstreckt sich entlang des Nordostufers des Turkanasees und ist einzigartig in Kenia. Er bietet neben der für den Norden Kenias typischen Wüstenflora und -fauna auch die Ausgrabungsstätten, in denen die bisher ältesten Relikte des Homo habilis von R. Leakey 1972 gefunden wurden.
Seit 1978 ist der Park mit Loyangalani am Südufer des Sees durch eine allerdings relativ schlechte Straße verbunden. Auch von Marsabit aus ist der Park über North Horr sogar ohne Vierradantrieb zu erreichen. Unterkunft gibt es in der Wildhüterstation von Alia Bay oder im Ausgrabungscamp des National-Museums in Koobi Fora – gut drei Autostunden von Alia Bay und sechs Stunden von Loyangalani, das seinerseits eine Lodge (Oasis Safari Lodge) aufweist. Es gibt wohl keinen Platz in Kenia, wo der Anglerfreund so leicht auf seine Kosten kommt wie Koobi Fora oder Alia Bay, der Ausgrabungsleiter in Koobi Fora stellt sogar bei Bedarf sein Netz zur Verfügung.

Mwea N.R.
Dies ist ein neuer kleiner Park, mit etwa 40 km² Größe, der einen gleichnamigen Berg bedeckt. Der Park liegt südlich von Embu und östlich von Muranga. Unterkunftsmöglichkeiten gibt es nicht, aber ein gutes Hotel in Embu (Izaak Walton Inn).

Khora N.R.
Etwa 1200 km², liegt am Südufer des Tana-Flusses, östlich des Meru N.P. Erreichbar von Meru aus oder von der Straße Thika–Garissa. Berühmt ist das Reservat durch die zahlreichen Löwen und die „Löwenfarm" von George Adamson, dem ehemaligen Mann von Joy Adamson.

Rahole N.R.
Etwa 1000 km². Das Rahole-Reservat liegt dem Khora-Reservat gegenüber auf der nördlichen Seite des Tana. Wie das Khora-Reservat ist auch das von Rahole nahezu unerschlossen, ist aber von Meru aus mit einem Geländewagen zu erreichen. Eine weitere Möglichkeit besteht in einer Piste, die von Garba Tula an der Isiolo-Wajir-Strecke ausgeht. Bei entsprechender Voranmeldung ist es möglich, im Adamson-Camp im Khora-Reservat zu übernachten.

Shaba N.R.
Etwa 200 km². Neu eingerichtet, östlich des Samburu-Reservats, von der Straße Isiolo–Mandera zu erreichen. Wildbestand wie in Samburu.

Losai N.R.
Etwa 2000 km² (!). Liegt auf dem halben Weg zwischen Samburu und Marsabit. Touristische Einrichtungen bestehen noch nicht.

Arawole N.R.
Etwa 400 km². Dieses neugeschaffene Reservat liegt am Unterlauf (Ostufer) des Tana, etwa hundert Kilometer vor dessen Mündung in den Indischen Ozean. Schwierig zu erreichen. Entweder wählt man den Weg von Lamu aus oder aber man fährt von Garissa der östlichen Flußseite entlang. In beiden Fällen benötigt man Vierradantrieb.

Dodari N.R.
Etwa 500 km². Nordöstlich des Lamu-Archipels, nahe der somalischen Grenze. Touristische Einrichtungen fehlen, es werden aber schon Tagesausflüge von Lamu aus angeboten.

Boni N.R.
Etwa 650 km². Zum Teil noch vom Reststamm der Bonis (Buschmänner!) bewohnt, die noch in traditioneller Harmonie mit ihrer Umwelt leben.

Maralal N.R.
Etwa 250 km². Dieses Reservat bestand schon seit einigen Jahren als „Game sanctuary“ und wurde erst kürzlich aufgewertet. Es besticht wegen der großen Zebraherden und der landschaftlichen Schönheit. Vom knapp außerhalb des Reservates liegenden Lesiolo-Gipfel gibt es den steilsten Abfall ins Riftvalley – rund 1500 m.
Das Maralal-Reservat ist entweder von Nyahuru (Thomson's Falls) oder vom Norden aus auf dem Weg von Loiyangalani nach Nairobi zu erreichen. Unterkunft gibt es in einem „tented camp“ mit Verpflegung sowie in der Maralal Safari Lodge – eine der ersten Lodgen in Kenia.
Das Maralal-Reservat ist zwar relativ klein, aber wegen des Tierreichtums berühmt und oft besucht.

Der Wildbestand Kenias

Im Jahre 1977 wurden von der Kenya Rangeland Ecological Monitoring Unit (KREMU) Wildzählungen im ganzen Land durchgeführt. Die Ergebnisse wurden bisher noch nicht veröffentlicht.
Der Hauptgrund dieser aufwendigen Arbeit lag im Wunsch, Aufschlüsse über die Tierverteilung im ganzen Land zu erhalten. Detaillierte Analysen werden daher folgen, doch wird auch durch die Aufteilung des Landes in acht ökologische Zonen die Verteilung des Wildbestandes in ihren groben Umrissen klar (siehe die angefügte Karte und die Tabelle).
Die Zählungsperiode – von Ende Jänner bis Mitte Oktober 1977 – folgte einer vierjährigen Zeit relativer Trockenheit im ganzen Land, jedoch wurden die Niederschläge gegen Ende des Jahres 1976 wieder häufiger. Da diese Trockenheit Wassertümpel und andere Tränkegelegenheiten vertrocknen ließ, war das Wild über das ganze Land verstreut und es gab nicht die ansonsten auffindbare Konzentration an unzähligen Wasserstellen.
Es wurden zur Aufnahme systematische transsektorale Flüge Ost-West im Abstand von 10 km geflogen, entlang des universellen transversalen Mercator-Systems. Die Flughöhe betrug 100 m, die Geschwindigkeit 150 km/h. 576 Stunden wurden benötigt, von denen 319 Stunden effektive Beobachtungszeit waren.
Während der täglichen Flüge war der Pilot verantwortlich für die Navigation, während der neben ihm sitzende Biologe Flughöhe, Geschwindigkeit und allgemeine Bedingungen kontrollierte. Innerhalb der Beobachtungszone zählten zwei Luftbeobachter das Wild und speicherten die Beobachtungen direkt in ein Tonbandgerät. Gruppen von mehr als zehn Tieren wurden gefilmt.

Seite 90 oben – Dem Leitbullen folgend, tastet sich eine Elefantengruppe durch den Schilfgürtel des Amboselisees, um so den Schlammlöchern besser ausweichen zu können. Der See ist während der Trockenzeit eine staubige Ebene, in der einzelne Tiere riesige Staubfahnen hinter sich lassen

Seite 90 unten – Das Nilkrokodil, am Nil fast ausgerottet, ist in den Flüssen Kenias weit verbreitet. Der Turkanasee hat die größte Konzentration von Krokodilen in der Welt, die meisten anderen Seen des Landes weisen dagegen kaum Bestand auf

Seite 91 – Abendstimmung am hochwasserführenden Ewaso-Ngiro-River im Samburu-Reservat. Der Fluß entspringt in den Aberdare-Bergen und versiegt in den Sümpfen von Lorian – in den unendlichen Tiefebenen östlich des Mt. Kenia

Schätzungen der Wildbestände in Kenia (a) und deren Standardabweichung (b)

Tierart	Bereiche:	A	B	C	D	E	F	G	H	Gesamt
Elefant	a	1.585	4.170	1.558	9.458	2.763	13.896	24.485	1.831	59.776
	b	1.610	2.104	1.548	6.345	1.272	2.320	6.137	1.187	
Grevy's Zebra	a	–	4.376	4.465	4.390	–	–	–	–	13.231
	b	–	1.189	1.624	1.743	–	–	–	–	
Burchell's Zebra	a	714	22.825	603	2.910	5.872	14.612	15.782	73.937	147.255
	b	401	7.102	408	2.104	2.620	6.075	4.558	12.830	
Spitzmaulnashorn	a	–	–	–	86	86	49	1.465	132	1.818
	b	–	–	–	80	62	49	383	85	
Warzenschwein	a	1.244	3.249	–	2.546	3.631	3.468	8.926	13.901	36.965
	b	554	1.272	–	707	878	964	1.506	1.372	
Giraffe	a	45	13.524	4.499	21.990	3.976	7.190	6.598	21.401	79.223
	b	45	2.375	1.128	2.601	884	1.526	1.015	3.484	
afrikanischer	a	1.223	4.040	–	86	–	3.480	6.017	48.494	63.340
Büffel	b	1.162	2.344	–	83	–	2.658	2.409	21.236	
Eland	a	4.018	8.102	–	86	1.364	2.475	8.215	16.345	40.605
	b	1.824	2.105	–	80	859	1.666	2.723	3.144	
Kleiner Kudu	a	2.251	140	574	5.706	2.534	2.988	1.995	690	16.878
	b	488	79	249	916	572	901	555	309	
Oryx	a	1.521	7.356	16.533	12.281	2.461	1.465	17.044	5.187	63.848
	b	559	1.963	4.480	2.588	442	497	2.734	2.232	
Wasserbock	a	676	1.718	–	1.114	345	8.299	1.630	7.932	21.714
	b	660	705	–	730	294	4.552	885	4.275	
Hartebeest	a	–	3.314	–	–	–	897	14.268	21.120	39.599
	b	–	996	–	–	–	411	2.871	6.156	
Topi	a	–	–	4.947	–	–	58.048	–	23.946	86.941
	b	–	–	3.806	–	–	18.107	–	6.230	
Hunter's	a	–	–	–	–	86	2.299	–	–	2.385
Hartebeest	b	–	–	–	–	84	1.143	–	–	
Wildebeest	a	–	–	–	–	–	–	–	148.120	148.120
	b	–	–	–	–	–	–	–	48.210	
Gerenuk	a	–	4.141	7.241	31.252	2.548	1.413	2.040	690	49.325
	b	–	917	1.058	2.374	568	513	909	231	
Impala	a	3.556	29.802	–	343	1.105	543	10.857	99.630	145.836
	b	1.702	11.760	–	339	585	352	3.193	13.696	
Grant's Gazelle	a	37.027	19.646	40.887	77.270	2.288	731	3.906	54.504	236.259
	b	8.292	3.681	6.867	10.763	675	371	1.214	8.417	
Thomson's Gazelle	a	586	40.925	1.181	–	130	–	2.335	118.456	163.613
	b	272	11.582	955	–	126	–	632	16.906	
Vogel Strauß	a	906	3.946	7.146	9.705	2.159	2.944	2.607	2.800	32.213
	b	740	985	1.200	1.862	407	633	455	871	
Größe d. Bereichs i. km²		80.800	38.400	63.150	129.775	50.525	27.825	49.325	40.975	480.775
Zählungsperiode 1977		Sept/Okt.	Sept.	Aug.	Aug.	März	Feb./M.	Feb./M.	Jän./Feb.	Jän./Okt.

KENIAS WILDBESTAND (ZÄHLGEBIETE)

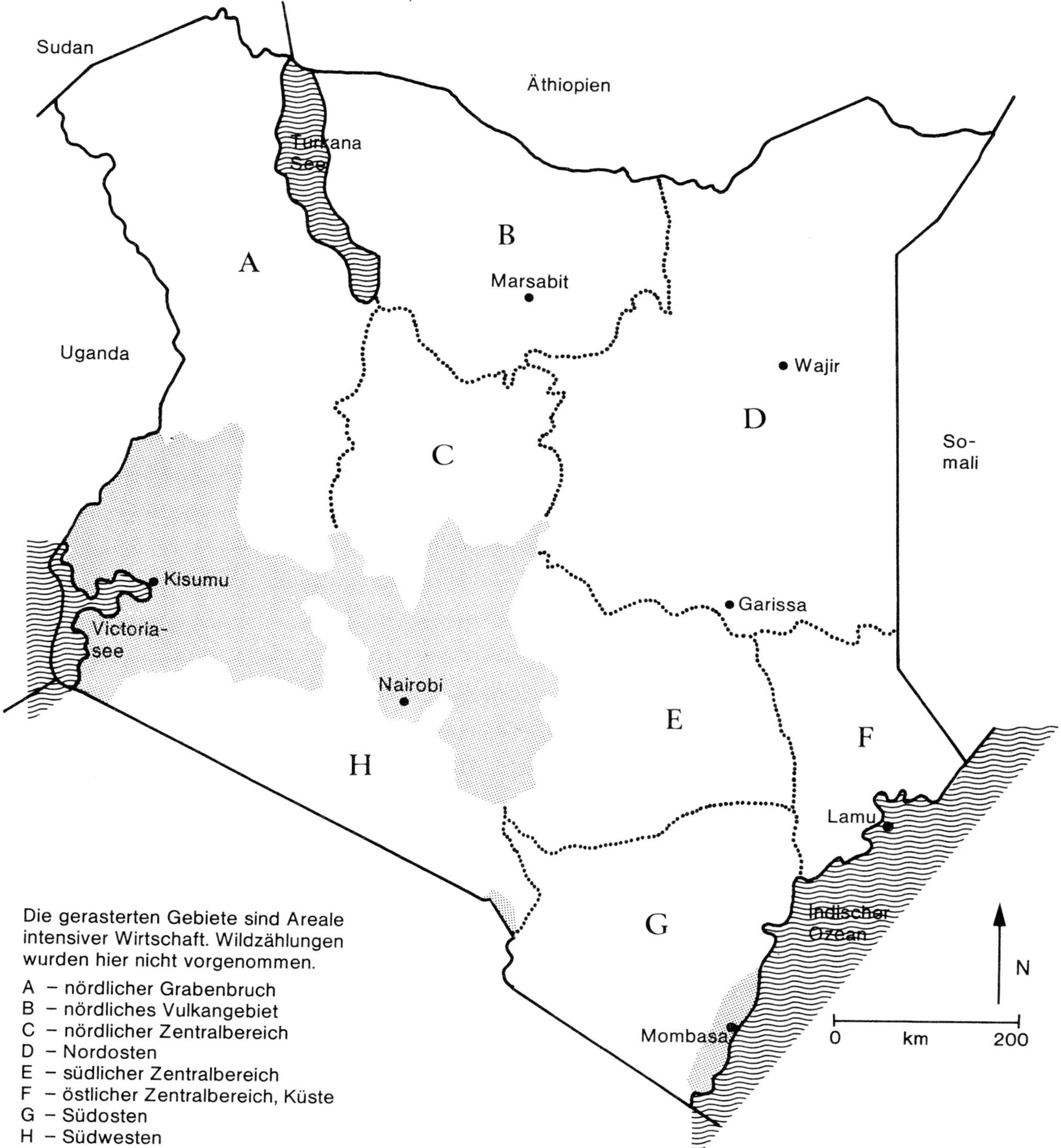

Die gerasterten Gebiete sind Areale intensiver Wirtschaft. Wildzählungen wurden hier nicht vorgenommen.

A – nördlicher Grabenbruch
B – nördliches Vulkangebiet
C – nördlicher Zentralbereich
D – Nordosten
E – südlicher Zentralbereich
F – östlicher Zentralbereich, Küste
G – Südosten
H – Südwesten

(zusammengestellt aus Unterlagen Aerial Survey Technical Report, Series No. 3, February 1978)

Die gesammelten Daten wurden mit einem Computer der kenianischen Regierung ausgewertet und endgültige Zahlen nach komplizierten Methoden (Jolly 1969, G. H. Townsend, unveröffentlicht) berechnet.
Die sogenannte sampling fraction (Beobachtungsanteil an Gesamtfläche) = $\frac{n}{N}$
(N = Zahl der möglichen Flüge, n = Zahl der geflogenen Flüge im 10-km-Abstand)
betrug für A 90/4051, für B 82/3885, für C 92/4294, für D 159/7317, für E 53/2343, für F 39/1948, für G 82/3830 und für H 71/3185. Für das gesamte Land ist der Bruch 668/30853 gültig, was einen Beobachtungsschnitt von etwa 2,2 % ergibt.

Seite 94/95 oben – Mara-Fluß, im Mara-Wildreservat, vor dem Grenzübertritt nach Tansania

Seite 94/95 unten – Das Flußpferd kommt nur an Land, um sich zu sonnen oder nachts, um zu weiden. Es benutzt dann tief ausgetretene Wechsel

Rechte Seite – Leopard im Tsavo-Park. Im Gegensatz zum Löwen ist der Leopard Einzelgänger und auch seine Wohngebiete sind vielseitiger. Er steigt auch in das Gebirge hinauf und weiß sich sogar im Fels zu bewegen. Im Kampf ist er dem Löwen unterlegen, jedoch ist er schneller und wendiger

Seite 98 – Das Erklettern von Bäumen ist bei Löwen nur örtlich bekannt, wie überhaupt ihre Lebensgewohnheiten gebietsweise sehr unterschiedlich sind

Seite 99 – Die Gnuherden scheinen für viele Großraubtiere Ostafrikas eine unerschöpfliche Beutereserve zu sein

Rechte Seite – Schwer ist die Arbeit für diese Löwin im Masai-Mara-Reservat, die das erbeutete Gnu mit etwa 200 kg Gewicht einige hundert Meter weit zu ihrer Familie schleift

Unten – Der Gepard obliegt der Jagd in offener Landschaft, er schleicht die Beute an, so wie hier ein Gnu, um sie dann nach weiten Sätzen umzuwerfen und durch einen Biß in die Kehle zu töten

Rechte Seite oben – Gänsegeier im Masai-Mara-Reservat halten Ausschau nach einem toten Tier, über das sie herfallen, wenn ihnen die Beute nicht von Stärkeren streitig gemacht wird. Rechts im Bild ein einzelner Ohrengeier

Rechte Seite unten – Die Hyäne hat viele Unterarten, hier die Fleckenhyäne, die nicht nur Aasfresser ist, sondern in Rudeln auch Kleintiere jagt

Unten – Der Gepard, hier eine Mutter mit zwei Jungen im Masai-Mara-Reservat, verzehrt nur das Fleisch frisch geschlagener Beute. Oft jagen die Tiere in Gesellschaft, sie entwickeln kurzfristig ein Tempo von über 100 Stundenkilometer

Seite 104 – Zur Kühlung hat sich dieser Mähnenlöwe neben einer Wasserlache niedergelassen

Seite 105 – Der Wasserbock ist kein sehr bewegungsfreudiges Tier. Im Gegensatz zu verwandten Arten, bewohnt er meist ein beschränktes Gebiet, am liebsten am Wasser, wie hier im Tsavo-Park

Unten – Weibliche Impalas auf der Flucht. Diese Antilope bewohnt Parklandschaften und Galeriewälder, liebt aber Wassernähe

Seite 108/109 – Elenantilopen im Masai-Mara-Reservat. Diese Antilopen erreichen beinahe die Größe eines Rindes und es hat auch nicht an Versuchen gefehlt, sie als Haustiere zu halten. Heute wird in Kenia ein erneuter Versuch gemacht, Elenantilopen mittels eines „ranching program" zur Fleischversorgung zu züchten

Rechts – Strauße, hier nur weibliche Tiere im Samburu-Reservat, sind die größten heute lebenden aber flugunfähigen Vögel. Gerne vergesellschaften sie sich mit den verschiedensten Huftieren

Unten – Das Dik-Dik gehört zu den kleinsten Huftieren. Wie schon der Name sagt, tritt es immer in Paaren auf, ist ein sehr scheues Tier, das in allen trockenen Steppengebieten Kenias vorkommt und es benötigt nahezu kein Wasser

Unten Mitte – Typisch für die Giraffengazelle (Gerenuk), bei der nur das Männchen Hornträger ist, ist der Futtererwerb. Auf den Hinterfüßen stehend, weiden sie die Blätter und Knospen von Sträuchern ab

Unten rechts – Auch Termitenhügel besteigen die grazilen Giraffengazellen, damit sie besser an das Futter herankommen

Unten – Webervögel an der Küste nahe Mombasa. Die Webervögel bewohnen in mehreren Arten Ostafrika. Wie geschickt sie im Flechten ihrer Nester sind, veranschaulicht das Bild in eindrucksvoller Weise

Rechte Seite – Wie oft wurde auf diesem Baumstumpf im Naivashasee von solchen Kormoranen ein Nest über das andere gebaut,bis es diese Höhe erreichte?

Seite 114/115 – Abertausende rosafarbene Flamingos bevölkern den Nakurusee. Im Vordergrund zeigen sich einige Vögel noch im bräunlichen Jugendkleid

Rechts – Wie lange mag es her sein, daß dieser Baum im Naivashasee noch belaubt war und schließlich die kalkigen Exkremente der Pelikane sein Leben restlos erlöschen ließen?

Seite 118 – Der Mantelpavian ist vorwiegend Bodenbewohner, meist ersteigt er Bäume nur zum Schlafen

Seite 119 – Meerkatzen, die in ganz Kenia zu finden sind, hier am Nakurusee. Wenn sie in großen Herden auftreten, werden sie zum Problem für die Landwirtschaft, ebenso wie die Paviane. Sie bewegen sich am Boden ebenso sicher wie auf Bäumen

Oben – Der Marabu ist Aasfresser, der sich mit den Geiern an toten Tieren einstellt. Wenn er angeflogen kommt, zeigt er sein imponierendes Flugbild

Linke Seite – Das Paradestück der afrikanischen Vogelwelt ist wohl der Kronenkranich, der in ganz Kenia beheimatet ist

Landschaften und Pflanzenkleid

Das Land Kenia ist keine natürlich gewachsene Einheit, es ist weder geographisch oder geologisch noch pflanzenkundlich und schon gar nicht klimatisch ein einheitlicher Raum. Mit einer Ausdehnung über 582.646 Quadratkilometer von 4 ° 40‘ nördlicher bis 4 ° 20‘ südlicher Breite liegt Kenia beiderseits des Äquators, der etwa in der Höhe des Mount Kenia verläuft. Westlich des Mount Kenia, der mit 5200 Meter Höhe der zweithöchste Berg Afrikas ist, erstrecken sich zerklüftete Hochländer bis zu den Schwemmebenen am Victoriasee, nördlich des Berges liegen die weiten Ebenen der ehemaligen „Great Northern Frontier“, die Tiefländer im Osten werden erst durch einen schmalen Küstenstreifen begrenzt, während südlich des Mount Kenia die ehemaligen „White Highlands“ in großartigen Abbrüchen an den Ostafrikanischen Grabenbruch anschließen.
Solch einen Abbruch passiert man auf der Fahrt nach Naivasha, wenn vierzig Kilometer nach Nairobi plötzlich der Blick frei wird auf die Ebenen des Rifts, wie der Grabenbruch im Englischen heißt. Er erstreckt sich ohne sichtbaren Horizont, doch als Zeuge eines einst regen Vulkanismus werden immer wieder gleichmäßige Vulkankegel sichtbar. Ein gutes Beispiel ist der 2800 Meter hohe Longonot bei Naivasha. Deutlich kann man den Kraterrand und die erstarrten Lavaströme erkennen, am Kraterboden treten noch immer heiße Dämpfe aus.
Der Grabenbruch ist Teil einer gewaltigen Störungszone in der Erdkruste, die vom Jordantal bis nach Mozambique reicht und sich in Kenia in verschiedene parallellaufende Gräben verzweigt. Im Grabenbruch liegen alle Seen Kenias; der über 8000 Quadratkilometer große Turkanasee (die Benennung nach dem österreichischen Erzherzog Rudolf verlor der See bald nach der Erreichung der Unabhängigkeit in Kenia), der 300 Kilometer weiter südlich liegende Baringosee, der großartige Bogoriasee, an dessen Ufer als Zeichen vulkanischer Tätigkeit einige Geysire heißes Wasser aus dem Erdinneren an die Erdoberfläche bringen, das Vogelparadies Nakurusee mit seinen großen Flamingopopulationen, der Naivashasee sowie der Elementeitasee und schließlich der Magadisee, dessen Sodaablagerungen abgebaut werden und für einen nicht unerheblichen Aktivposten in der Außenhandelsbilanz des Landes sorgen.
Noch ist die Ursache der Grabenbildung nicht restlos geklärt, fest steht jedoch, daß dieser markante Einbruch der Erdkruste erst vor kurzer Zeit – in geologischem Zeitmaßstab gesehen – entstanden ist. Vor 20 Millionen Jahren dürfte die tektonische und vulkanische Aktivität eingesetzt haben. Das harte Gestein des Kontinentalsockels wurde durch die gewaltigen Kräfte im Erdinneren in mehrere Blöcke gebrochen und später auseinandergetrieben.

Die Savannenlandschaften

Die Weiten des Grabenbruchs, aber auch großer Teile der Ebenen im Norden und Westen weisen das komplexe Erscheinungsbild der Savanne mit ihren vielen Unterformen auf. Die trockenen und dürren Hochflächen im Norden und die nordöstlichen Tiefländer werden als Dornbuschsavanne bezeichnet; wo die Niederschlagsverhältnisse noch ungünstiger sind, bekommen diese Savannen wüstenhaften Charakter, eigentliche Wüste weithin ohne Vegetation findet man aber nur östlich des Turkanasees. Berühmt-berüchtigt sind hier die Wüsten Chalbi und Kaisut.
In der Dornbuschsavanne sind weniger als viereinhalb Monate humid (Humidität herrscht dann, wenn der Niederschlag größer als die Verdunstung ist). Das Pflanzenkleid muß daher der Trockenheit angepaßt sein, wie etwa der Desert Scrub oder der Desert Grass Bush. Beide Pflanzengesell-

schaften können fast undurchdringlich sein, erscheinen jedoch weithin in lichten Beständen, durchsetzt von schirmkronigen Akazien. Zusammen mit Borassuspalmen bilden die Akazien an Flußläufen entlang dichte Galeriewälder. Das Bild nahezu aller Nationalparks des Landes und der von Touristen erreichbaren Orte am Ostufer des Turkanasees ist so durch die Schirmakazie geprägt. Wo Gehölze fehlen, ist der Boden nicht mehr in der Lage, eine geschlossene Grasflur zu bilden, nur mehr Einjährige sprießen nach Regenfällen auf.
Neben der Vegetation sind auch die bis zu fünf Meter hoch werdenden Termitenhügel landschaftsbestimmend. Ihre kunstvoll aufgehäuften Luftschächte, die wie Türme wirken, sind weithin sichtbar. Einzelstehende Inselberge als weiteres Charakteristikum der Trockensavanne sind Zeugen der Eigenheiten tropischer Verwitterung und des krassen Wechsels von Regen- und Trockenzeit bei hohen Temperaturen. Ihre glatten und steilen Hänge erheben sich unmittelbar aus der ebenen Umgebung und sind so weithin erkennbare Wegweiser in einer sonst oft eintönigen Landschaft.
Die Dornensavanne ist Lebensraum für die Nomaden und Hirtenvölker der Turkana, Boran, Galla und Somali, deren Lebensgrundlage noch heute das Kamel, die Ziege und – wo es die Umstände erlauben – die Kuh ist. Im Zuge von Neuerungen im unabhängigen Kenia wird das Kamel immer häufiger durch den Lkw als Transportmittel abgelöst. Hie und da beginnt man entlang der ganzjährig wasserführenden Flüsse, von Fachleuten der FAO und anderer Organisationen angeleitet, mit Bewässerungswirtschaft. Dies ist am Turkwell, der vom Westen in den Turkanasee fließt, der Fall, ebenso am Ewaso Ngiro, bevor er in den Loriansümpfen versiegt, und am Unterlauf des Tanaflusses.
Auch das reiche Vorkommen von Nilbarschen, Tilapia und Tigerfischen im Turkanasee wird zunehmend unter der Anleitung von norwegischen Fachleuten ausgenützt. Doch sind dies nur erste Anzeichen einer neuen Entwicklung; weite Teile des großen Trockenraumes liegen noch immer im Dornröschenschlaf vergangener Zeiten und Traditionen.
Die Entwicklung im südlichen Teil der Savanne verlief dagegen anders. Hier fällt der Niederschlag häufiger, der Dornbusch tritt daher naturgemäß zurück. Man spricht statt dessen von grundwasserfernen Grasfluren, die zum Teil als Futtermittel genutzt werden können. Im allgemeinen sind diese Grasfluren durchsetzt von einzelnen Sträuchern und Bäumen oder ganzen Gehölzgruppen, die vornehmlich aus Akazien bestehen. Typisch ist die Flötenakazie (whistling thorn), die auf dem tonigen Boden (black cotton soil) zusammen mit dem Red Oats Grass gedeiht.
Vereinzelt trifft man hier auch auf die mächtigen Baobab- oder Affenbrotbäume, deren ungewöhnlich dicker Stamm als Wasserspeicher dient.
Diese Savannenlandschaften als Saum entlang Kenias Grenze zu Tansania, dessen nördliche Begrenzung etwa die Linie Narok–Kitui bildet, ist das Land der legendären Masai, die einst weit größere Teile Ostafrikas bevölkert und beherrscht haben, aber von der Kolonialmacht aus vielen ihrer Gebiete im Mittelteil des heutigen Kenia verdrängt wurden.
Schon früh rankten sich mystische Geschichten um die Tapferkeit und Tüchtigkeit der schlanken, fast rotbräunlichen Krieger, ihren Kult und Stolz. Dabei wird häufig übersehen, daß es durchaus vergleichbare Völkerschaften in anderen Teilen des Landes gibt.
Die gesamte Wirtschaft der Masai basiert auf Viehhaltung. Zwar sind die Masai Nomaden, doch hat

---

Abb. Seite 124/125 oben – Die Homa-Bay am Victoriasee mit lockerem Bestand von Luo-Rundhütten
Abb. Seite 124/25 unten – In der Steppe des Masai-Mara-Reservats

jede Sippe bestimmte Heimatgebiete, zu deren Enkangs (Lehmhütten) sie immer wieder zurückkehren.
Die jahreszeitlichen Wanderungen richten sich nach der Notwendigkeit, genügend Weideflächen für das Vieh zu finden. Das Vieh ist der wichtigste Besitz; der Reichtum eines Mannes wird an der Stückzahl seiner Rinder gemessen, wobei es allerdings nicht so sehr auf die Qualität als vielmehr auf die Quantität ankommt. Die wertvollen Rinder werden geschont, als Fleischquelle dienen Ziegen, als Lasttier der Esel. Den Rindern wird lediglich am Hals das Blut abgezapft, das zusammen mit Fleisch und Milch die Grundnahrung bildet, heute aber schon hin und wieder durch Hirse und Mais ergänzt wird. Die einstige Verachtung Ackerbauern gegenüber weicht der Notwendigkeit, für eingeschränkte Weidegebiete Ersatz zu finden. Auch wird die Tradition – wie bei allen Stämmen Kenias – von langsam aufkommender Schulbildung und durch Anpassung an die immer weiter vordringende „Zivilisation" aufgeweicht.
Die Masaitradition ist gezeichnet durch eine sehr demokratische Organisationsform, da es die auf Vererbung beruhende Institution eines weltlichen Herrschers nicht gibt, sondern der Rat der Alten eines jeden Familienverbandes alle wichtigen Fragen entscheidet. Der Laiban dagegen ist geistlichreligiöser Führer und hat eine hohe soziale Stellung, da ihm übernatürliche Kräfte, wie die Macht des Regenmachens, zugeschrieben werden.
Das soziale Gefüge des Stammes und seiner Unterstämme besteht neben den Alten aus der noch nicht kriegstüchtigen Jugend und den Kriegern (Moran), die in abgetrennten Hütten (Manyattas) gemeinsam mit den Frauen ihrer Altersgruppe wohnen und die Aufgabe haben, Mensch und Vieh ihrer Sippe gegen wilde Tiere und Feinde zu verteidigen.
Nach Möglichkeit ist die eigene Herde durch Viehdiebstähle zu vermehren, was durchaus nicht anrüchig ist, da nach dem Glauben der Masai alles Vieh ursprünglich dem Stamm allein gehörte und so jedes Vieh außerhalb des eigenen Stammes einmal ihnen selbst gestohlen worden sein muß. Nach sieben bis zehn Jahren als Moran heiraten die Männer, nehmen somit einen Platz unter den Alten ein und verbringen nun ihre Zeit zusammen mit dem Rest der Sippe im Enkang, in den auch nachts das Vieh getrieben wird. Steht man auf den Ngonghügeln westlich von Nairobi, so hat man einen großartigen Blick auf solche kreisrunde Enkangs tief unten im Rift.

Die Hochländer

Die von Kambas bewohnte Hochebene von Kitui ist Verbindungsglied zwischen den Savannenlandschaften und dem kenianischen Hochland, das den zentralen Teil des Landes einnimmt. Die Kambas sind Bantu und betreiben im Gegensatz zu den Masai weitgehend Ackerbau, allerdings bietet ihr Land günstigere Bedingungen dazu.
Das Hochland reicht im Westen über den Ostafrikanischen Grabenbruch und teilt sich dort in die Hochebene von Kisii und das Gebiet am Fuße des Mount Elgon, im Osten bilden der 5200 Meter hohe Mount Kenia und die ihm vorgelagerten Nyambenihügel die Grenze. Gegen Norden senkt sich das Hochland im Bereich von Maralal und Samburu und geht allmählich über in die Weiten des Nordens. Das Hochland zeigt Landschafts- und Klimabedingungen, die gänzlich anders sind als die der umliegenden Savannenbereiche. Die relative Höhenlage auf dem weitgehend abgetragenen und eingeebneten Grundgebirge bedingt ein tropisches Höhenklima, das mäßig kühl ist. Durch die Höhenlage werden weiters Steigungsregen hervorgerufen, die das Hochland niederschlagsreicher als die benachbarten tiefergelegenen Regionen machen.
Somit ist es nicht verwunderlich, daß das Hochland zum wichtigsten Siedlungs- und Wirtschafts-

raum des Landes geworden ist. Dieser Umstand bedingt, daß die natürliche Vegetation durch den Regenfeldbau, später durch die modernen europäischen Farmen und heute durch eine sich zusehends modernisierende afrikanische Landwirtschaft schon weitgehend verdrängt wurde.
Die mehrstöckigen und hochstämmigen Feuchtwälder, durchsetzt von Aufsitzerpflanzen (Epiphyten) und Lianen, sind so in vielen Teilen des Hochlandes mit ihrem Artenreichtum verschwunden. Noch aber findet man sie im Bereich von Kakamega und in den Imentiwäldern des Meru Districts.
Auch die Breitlaubwälder um den Mount Kenia und Mount Elgon, wo durch den Wechsel von Regen- und Trockenzeit bedingt der mehrstöckige Feuchtwald nicht mehr aufkommen kann, sind stark zurückgedrängt.
Bei noch stärkerer Abnahme der Niederschlagsmenge treten Akaziengehölze auf, wie sie auch in den tiefergelegenen Savannen zu finden sind. Das Blätterwerk wird feinlaubiger und dorniger, zur Akazie gesellen sich feuchtigkeitspeichernde Euphorbien. Der Boden wird bei fehlendem Niederschlag wieder grasärmer, schließlich dominieren wieder Dornbäume und Sträucher wie an den Hängen des Keriotales oder in den Ebenen zwischen Mount Kenia und der Aberdarekette.
Hier im Hochland ließen sich schon zu Beginn des Jahrhunderts die ersten Weißen nieder – auf Weideland, das seit Menschengedenken den Masai und zum geringeren Teil auch den Kikuyu gehört hatte. Binnen weniger Jahre wurde die Ugandabahn fertiggestellt, von der verschiedene Stichbahnen in die landwirtschaftlich besonders wichtigen Bereiche geführt wurden: nach Kitale am Mount Elgon (1926), nach Solai (1926), nach Thomson's Falls (1929) und schließlich nach Nanyuki am Westfuß des Mount Kenia (1930).
Die Großfarmen der Weißen prägten schon bald das Landschaftsbild weiter Teile des Hochlandes. Unendliche Getreidefelder erinnern noch heute an europäische oder nordamerikanische Landschaften. In hügeligen Teilen des Hochlandes wird das Getreide von weitläufigen Weideflächen abgelöst, das einheimische Zeburind durch das europäische (Fleck-)Vieh ersetzt. Die Hügelkuppen, besonders im Vorfeld des Mount Kenia, sind von Wald bedeckt – man könnte meinen, eine oberbayrische Landschaft vor sich zu haben.
Das im Süden an die „weißen" Farmen anschließende Kikuyuland bietet dagegen schon traditionell ein anderes Bild. Bananenstauden vermischen sich mit kleinparzellierten Maisfeldern auf engstem Raum. Daneben sieht man Bohnen, Hülsenfrüchte, Kartoffeln und Gemüse ineinander vermischt, was auf den ersten Blick einen unordentlichen Eindruck erweckt, aber den Boden vor Auslaugung und Erosion schützt und überdies für eine reichhaltigere Nahrungspalette das ganze Jahr über sorgt.
Die Kikuyufarmen liegen an den Hängen der meist tiefen Täler, die das hügelige Gelände der Zentralprovinz durchziehen. Wo es das Gelände erlaubt, dominieren neben Mais und Bananen Kaffeestauden, sorgsam gepflegt und in Reihen gepflanzt, als Verkaufsfrucht.
Der Kaffee brachte dem kenianischen Staat in den letzten Jahren den Hauptteil der landwirtschaftlichen Exporterlöse ein. Die dadurch erzielten hohen Gewinne beginnen sich im Land selbst zu zeigen, die traditionellen Grasdächer weichen dem teureren Wellblech, die Lehmhütte wird immer häufiger durch ein aus Ziegeln erbautes Haus ersetzt. Großflächige Werbeplakate tauchen auf. Auf ihnen werden Bier, Coca-Cola und Zigaretten angepriesen. Ein neues Zeitalter bricht an.

Abb. Seite 128/129 – Baum-Greiskräuter und Kerzen-Lobelien in 4400 m Höhe im Teleki-Valley am Mt. Kenia

THE PALACE

Abb. Seite 130 – Wollkerzengewächse inmitten einer blühenden Szenerie am Mt. Kenia

Abb. Seite 131 – Ein Affenbrotbaum (Baobab-Baum) im letzten Sonnenlicht

Abb. Seite 132/133 – Palasttor in der Ruinenstadt Gedi, die Ende des 13. Jahrhunderts angelegt, etwa dreihundert Jahre später wieder verlassen und aufgegeben wurde

Rechte Seite oben – Die Elefantenzähne in der Kilindini-Road sind eines der Wahrzeichen von Mombasa

Rechte Seite unten – Die Fähre über den Kilifi-Creek; sie ist die einzige Verbindung zwischen Mombasa und der Nordküste

Unten – Dhows, Segelschiffe der schon seit dem 8. Jahrhundert eingewanderten Araber an der Küste Kenias, im alten Hafen von Mombasa. Ihre Zahl beträgt heute schon weniger als 60 in allen Häfen Kenias

HIGHWAYS

MOMBASA
MALINDI
LEYLAND
KJP-137
No 2

Die heutige Zentralprovinz ist das übervölkerte Stammland der Kikuyu, die als Ackerbauern schon vor Jahrhunderten einwanderten und das Wissen um den Gebrauch von Eisenwerkzeugen mitbrachten. Wie alle anderen Bantustämme auch leben sie unter ausgeklügelten gesellschaftlichen Organisationsformen, die teilweise erheblich beeinflußt wurden durch den Kontakt mit Nomadenvölkern, wie den Masai.

Die Stellung jedes einzelnen Kikuyu innerhalb der Gesellschaft beruht auf den Grundlagen des Familienverbandes, des Clans und der Altersgruppe. Letztere verliert jedoch an Bedeutung, da in der modernen Gesellschaft die traditionellen Initiationsriten zunehmend aufgegeben werden.

Die Landfrage ist das zentrale Problem der Kikuyu. Bei der schnell wachsenden Bevölkerung und dem System der realen Erbteilung kam es in den letzten Jahren zu einer gewaltigen Zersplitterung des Landes und zu einem allgemeinen Landmangel.

Während der Mau-Mau-Zeit wurde fast die gesamte Kikuyubevölkerung von den Briten aus ihren Streusiedlungen aus Sicherheitsgründen in geschlossene Dörfer umgesiedelt. Diese neuen Dörfer veränderten die Siedlungsstruktur der Zentralprovinz völlig, brachten jedoch den Vorteil mit sich, daß Maßnahmen zur Landkonsolidierung leichter durchgeführt werden konnten. So ist die katastermäßige Bestandsaufnahme des zersplitterten Landbesitzes heute bereits abgeschlossen.

Die Kikuyu haben sich in der jüngeren Vergangenheit als sehr anpassungsfähig an neue Entwicklungen erwiesen, viele von ihnen sind erfolgreiche Händler, Unternehmer und Beamte. Diese Entwicklung begründet die Ansicht anderer Volksgruppen Kenias, daß die Kikuyu das politische und wirtschaftliche Leben des Landes einseitig kontrollieren. Sie haben zweifellos eine enorme pragmatische Dynamik bewiesen und halten heute die Schlüsselstellung in Kenia inne.

← *Die städtische Kultur der Swaheli ist einmalig in Ostafrika. Hier eine der engen Straßen von Lamu, das im 8. Jh. gegründet wurde und sich mit seinen 8000 Einwohnern noch heute nahezu gänzlich unverändert dem Besucher zeigt. Die Ursache dafür liegt in der Abgeschiedenheit des Archipels von Lamu in den Mangrovenwäldern der nördlichen Küste.*

Die Hochgebirge

Aus dem Hochland erheben sich mit dem Mount Kenia, den Aberdares und dem Mount Elgon an der Grenze zu Uganda die wichtigsten und berühmtesten Berge des Landes. Sie geben dem Hochland das Gepräge und die Charakteristik einer Gebirgslandschaft.

Alle drei Massive sind vulkanischen Ursprungs und wahrscheinlich erst im oberen Miozän (vor ca. 12 bis 13 Millionen Jahren) entstanden, als sich der zentrale Teil Kenias aufwölbte und es zu großen phonolitischen Vulkanergüssen kam. Allerdings sind die typischen Formen eines Vulkans am Mount Kenia von der in der Folgezeit einsetzenden Erosion zerstört worden. Die heute steil aufragenden Berggipfel sind die Überbleibsel der einst im Berginneren aufgestauten Lava.

Der runde Krater des Mount Elgon dagegen ist noch gut zu erkennen, er besteht aus einer ganzen Reihe von Gipfeln mit einer durchschnittlichen Höhe von 4200 Metern.

Die Vegetation der kenianischen Gebirge unterscheidet sich recht eindrucksvoll von der der umliegenden Hochflächen. Die Untergrenze des Gebirgswaldes verläuft auf 1900 Meter Höhe. Im Gegensatz zu den Wäldern der Ebene treten hier neben der schuppenblättrigen Pencil cedar – genügend Feuchtigkeit vorausgesetzt – breitnadelige Koniferen (Podocarpus) auf. Die Mehrzahl der Bäume ist mit Bartflechten behangen, die ihrer-

Der Diani-Palmenstrand, rund 30 km südlich von Mombasa, zählt zu den schönsten Badestränden der Welt

Typische Pflanzen

Baobab

Schirmakazie

Mango

Leberwurstbaum

Baumeuphorbie

Bananen

Teezweig

Kaffeezweig

Borassus-Palme

Kokospalme

seits ein Anzeiger für hohe Luftfeuchtigkeit sind. Die Obergrenze des Bergwaldes liegt zwischen 2800 und 3000 Metern. An allen drei Gebirgen bilden Bambusbestände zwischen 2600 und 3200 Metern eigene Höhenstufen. Den oberen Abschluß dieser montanen Waldstufe bilden auf Grund der besonderen Klimabedingungen (gleichmäßig kühle Temperaturen, allnächtliche Abkühlung) Hochgebüsche der Baumheide (Erica arborea) und anderer Heidekrautgewächse (Obergrenze bei ca. 3500 bis 4000 Meter).

Über dem Wald mit seinen verschiedenen Erscheinungsformen erstreckt sich das afroalpine Grasland. Als Ergebnis der Anpassung an extreme Bedingungen treten spezielle Wuchsformen auf, so die Tussockgräser (Horstgräser, v. a. Festuca pilgeri), die frostresistent sind, sowie Strohblumenheiden (Helichrysum), Polster- und Rosettenpflanzen. Zu den sonderbarsten Pflanzen der Erde zählen die Schopfblattgewächse mit ihren kurzen gedrungenen Stämmen und den aufgesetzten Blattrosetten: Lobelien, große Senecio und Riesensenecionen (bis 8 m hoch!). Weitflächige Hochmoore ergänzen das Bild. Über 4500 Meter steigen nur mehr wenige Blütenpflanzen (Helithrysum, Gräser), aber noch zahlreiche Moose und Flechten.

Am Mount Kenia erhebt sich über dieser afroalpinen Grasflur das zentrale Felsmassiv mit seinen steilen Gipfeln, den Schneefeldern und Gletschern, welche sich jedoch sehr rasch zurückziehen. Die stärkste Vergletscherung bestand hier wahrscheinlich gleichzeitig mit den großen Eiszeiten Europas. Heute sind nur mehr zwölf Gletscher vorhanden, von denen der größte der Lewisgletscher ist.

Alle Gipfel der Aberdarekette liegen unter der Schneegrenze, ebenso die des Mount Elgon, auf denen jedoch zur Zeit des astronomischen Winters der frischgefallene Schnee ein paar Tage liegen bleiben kann.

Die Geschichte der Erforschung und Besteigung der kenianischen Berge begann am 3. Dezember 1849, als Johann Krapf, ein Gefährte des Missionars Rebmann, behauptete, die Gletscher des Mount Kenia von Kitui aus gesehen zu haben. Diese Behauptung wurde von den Geographen seiner Zeit verlacht. Man konnte nicht an Schnee am Äquator glauben!

Erst viel später, 1883, wurde Krapf durch den schottischen Entdecker Joseph Thomson bestätigt. Der österreichische Graf Teleki, der sich um die Erforschung Kenias sehr verdient gemacht hat, erreichte mit seinen Expeditionsgefährten 1887 bei seinem Versuch, den Mount Kenia zu besteigen, rund 4200 Meter Höhe. 1899 schließlich gelang dem Briten H. J. Mackinder, einen der beiden Hauptgipfel des Berges, die Nelionspitze, zu besteigen, und als P. Wyn Harris 1929 die Batianspitze erreichte, war die Geschichte der Erstbesteigungen des Mount Kenia abgeschlossen.

Henry Morton Stanley war wahrscheinlich der erste Weiße, der den Mount Elgon sah. Die verschiedenen Gipfel aber wurden erst von F. Jackson, dem späteren Gouverneur Kenias und Ugandas, 1890 bestiegen. Die Aberdares wurden 1884 nach Lord Aberdare, dem damaligen Vorsitzenden der Royal Geographical Society, benannt. Die Bergkette trennt in einer Länge von 70 Kilometern das Kikuyuland vom Grabenbruch im Westen. Obwohl die Durchschnittshöhe rund 3000 Meter beträgt, führten schon seit grauer Vorzeit Pfade vom Westen über die Aberdares ins Hochland. Man hat sogar prähistorische Relikte entlang dieser Routen gefunden. Die Aberdares werden im Norden und Süden von ihren beiden höchsten Erhebungen, dem Oldonyo La Satima (Masaiausdruck für Berg des jungen Stieres) mit 4000 Meter Höhe und dem Kinangop („Besitzer des Landes" in der gleichen Sprache) mit 3900 Meter Höhe, flankiert.

Die Küstenbereiche Kenias

Im Westen und Osten wird das Land vom Victoriasee und dem Indischen Ozean begrenzt. Die daran

---

Abb. Seite 142 – Fort-Jesu in Mombasa, im 16. Jahrhundert von den Portugiesen errichtet, ist heute ein Nationalmuseum

Abb. Seite 143 oben – Ein typisches Swahili-Dorf: Watamu, rund 20 km südlich von Malindi. Die architektonischen Formen sind einmalig in Ostafrika. Die Wände bestehen aus einem Weidegeflecht, das mit Lehm und Kuhdung verschmiert wird, die Dächer sind aus Palmblättern geflochten und wasserdicht

Abb. Seite 143 unten – Wakamba-Schnitzer in einem als Selbsthilfeprojekt und kooperativ eingerichteten Schnitzerdorf nahe des Flughafens Mombasa

anschließenden Landschaften runden das Bild der Vielfalt in Kenias Landschaften ab, zeigen sie doch wiederum eine eigene Charakteristik.

Das Ostufer des Victoriasees

Das Nyanziansystem, als die älteste Gesteinsserie Kenias, bildet hier das Grundgebirge, bestehend vor allem aus Ablagerungen wie Sandsteinen, Marmoren, Phylliten und – charakteristisch – gebänderten Eisensteinen, die im Wechsel mit vulkanischen Gesteinen auftreten. Mit geophysikalischen radiometrischen Methoden gelangte man zu einer Altersbestimmung von 2,6 bis 3 Milliarden Jahren. Verschiedene Mineralien wurden in diesen Schichten lokalisiert. Das Gold, das in den späten zwanziger Jahren gefunden wurde, löste den „gold rush“ von Kakamega aus, der aber schnell wieder verebbte.

Die Vegetation im Westen des Landes unterscheidet sich dagegen nicht wesentlich von der in den angrenzenden Teilen des Landes. Sie wird allerdings artenreicher, bleibt aber in ihrer Ausdehnung vom Wechselspiel zwischen Niederschlag und Höhenlage abhängig.

Am Kavirondogolf, der kenianischen Nachbarschaft zum Victoriasee, tritt als Eigenheit die weiße Flötenakazie auf, daneben auch häufig stammsukkulente Kandelabereuphorbien (im Stamm wasserspeichernde Wolfsmilchgewächse). An einigen Teilen der Küste, aber auch an anderen kleinen Gewässern, findet man Papyrusbestände, wie sie allerdings im benachbarten Uganda häufiger sind. Die natürliche Vegetation ist jedoch weitgehend zurückgedrängt, da die Landwirtschaft von allen bebaubaren Flächen Besitz ergriffen hat. Der Grund dafür liegt in der hohen Bevölkerungsdichte, die in einzelnen Gebieten, wie nördlich von Kisumu oder im weiteren Bereich von Kisii, 500 Personen je Quadratkilometer bereits deutlich übersteigt.

Die landwirtschaftliche Kapazität in diesem fruchtbaren Teil Kenias ist somit längst erreicht, und daraus resultieren zum einen das Ausnützen jeden Fleckchen Landes, zum anderen aber hohe Abwanderungsraten.

Hauptsächlich werden Mais, Mohren- und Fingerhirse, Millet, Maniok und Hülsenfrüchte zur Eigenversorgung angebaut. Kaffee, Tee und Baumwolle dagegen sind die Hauptverkaufsfrüchte. Besonders der Tee wird in großen Plantagen, die in ihrem leuchtenden Grün das Landschaftsbild um Kericho bestimmen, angebaut und steuert einen wichtigen Anteil an Kenias landwirtschaftlicher Ausfuhr bei.

Das Land am Kavirondogolf ist Stammesgebiet der nilotischen Luo, des mit fast 2 Millionen Angehörigen zweitgrößten Stammes in Kenia, der sich am Ende eines Jahrhunderte dauernden Zuges hier niederließ und die benachbarten Luyia auf die umliegenden, weniger fruchtbaren Hochebenen verdrängte.

Die Luo sind ausgezeichnete Fischer und Hackbauern, durch den akuten Landmangel ihrem Grund und Boden eng verbunden. Das Land wurde als gemeinsames Eigentum des ganzen Volkes angesehen, Versuchen der Kolonialverwaltung zur Landkonsolidierung wurde daher mit Verständnislosigkeit begegnet, und noch heute hinkt die Landregistrierung weit hinter beispielsweise dem benachbarten, von Luyia bewohnten Kakamegadistrikt nach.

Zu Beginn des 20. Jahrhunderts war Westkenia einer der Schwerpunkte der europäischen Missionsarbeit in Ostafrika. Der Aufbau eines modernen Schulsystems trug so schon früh zur Bildung einer neuen Elite bei. Auch gehörten die Luo neben den Kikuyu und Kamba schon im Ersten Weltkrieg zu den Völkern, die Hilfstruppen für die Engländer stellten. Die mit nach Hause gebrachten Kenntnisse trugen dazu bei, daß sich die Luo in der politischen Geschichte des Landes schon früh hervortaten und heute in einem gewissen Konflikt mit den dominierenden Kikuyu stehen.

Abtransport der gefangenen Fische am Indischen Ozean, nördlich von Malindi

Ihre nördlichen Nachbarn sind die Luyia, das drittgrößte Volk Kenias mit rund 1,7 Millionen Angehörigen. Die Luyia sind Produkt immer neuer Verschmelzungen einzelner Bantustämme mit einwandernden Kalenjin und Nilotengruppen.
Die Landnot ist hier noch stärker zu verspüren als bei den Luo. Die Dörfer liegen über Hügel und Berge verstreut inmitten der eng aneinandergrenzenden, nur von Waldstreifen oder einzelnen Felsbrocken getrennten Felder.
Als noch zu Beginn unseres Jahrhunderts genügend Land zur Verfügung stand, wurde stets ein Teil der Äcker brach gelassen, um dem Boden Gelegenheit zur Regeneration zu geben. Heute muß diese sinnvolle Gewohnheit aufgegeben werden, da sie dem drückenden Bedarf an beackerbarem Land nicht mehr standhält. Somit werden andere – teurere – Maßnahmen zur Bodenkonservierung notwendig.

Kenias Küste am Indischen Ozean

Der Küstenstreifen Kenias am Indischen Ozean bietet in jeder Hinsicht ein eigenes Bild und ist eine in sich selbst abgeschlossene Landschaft.
Hier war das Meer Hauptgestalter der Oberflächenformen bis in die Gegenwart. So herrschen junge (tertiäre) Ablagerungen und Korallenbauten vor. Gerade die Korallenriffe und -bauten sind es, die die Küste gliedern und den Grundstock für die vorgelagerten Inseln (Lamu, Pate, Manda) bilden.
Miombo-Trockenwälder, die im benachbarten Tansania so große Flächen einnehmen, fehlen bis auf ein kleines Stück im Süden völlig. Dieses Waldland, das charakteristisch ist für ein Sommerregengebiet mit langer Trockenheit, mußte den ausgedehnten Kokospalmbeständen weichen.
Die Mangrovenwälder als zweite wichtige natürliche Vegetationseinheit, die im Tidenbereich von Buchten oder Lagunen und in anderen Teilen der durch das Korallenriff geschützten Küste auftreten, bestimmen mit ihren Stelz- und Hackenwurzeln das Bild der Küste nördlich von Mombasa.
Das Mangrovenholz hat den einst blühenden Handel mit Elfenbein und Sklaven abgelöst und wird noch heute von Lamu aus bis zu den Häfen Arabiens und des Persischen Golfes verschickt.
Der Bereich der Küste war seit jeher offen gegenüber Fremden aus dem Raum des Indischen Ozeans und später auch aus Europa. So ist es nicht verwunderlich, daß das Bild der ansässigen Bevölkerungsgruppen noch bunter ist als im übrigen Kenia. In den Städten wie Mombasa, Malindi oder Kilifi leben die Swahili (Bantu) zusammen mit Asiaten aus dem Raum zwischen Persischem Golf und Vorderindien sowie mit einer größeren Anzahl von Arabern, die seit dem Ende des 7. Jahrhunderts eingewandert sind. Daneben gibt es im äußersten Norden auch eine somalische Minorität.

Neben den schon erwähnten Kokosnüssen wird auch Sisal in großen Plantagen nördlich von Kilifi angebaut. Daneben sind Cashewnüsse, Mango, Kassava und Mais für die Ernährung der Bevölkerung von Bedeutung. Mit der aufstrebenden Textilindustrie gewinnt auch die Baumwolle an Wichtigkeit.
Für Lamu und Malindi sind die Tage der wirtschaftlichen Macht vorbei; Mombasa aber, von wo bis 1906 die Geschicke des britischen Protektorates geleitet wurden, hat mit seinem Tiefseehafen die führende Rolle an der Küste übernommen.
In den letzten Jahren ist es vor alledem der Tourismus, der an Kenias Küste neue Akzente setzt und die Wirtschaft in immer stärker werdendem Maße prägt.
Die natürliche Schönheit des Landes und die Faszination seiner tropischen Küste lassen die Übernachtungszahlen in den neuen und modernen Hotels bei Mombasa und Malindi emporschnellen. Der nördliche Abschnitt der Küste aber ist auf Grund seiner Abgelegenheit noch nicht aus seinem Dasein in der einst so glorreichen Vergangenheit aufgewacht. Vielleicht ist das gut so.

Mount Kenia

Allgemeines und Erschließung

Es gibt kaum einen größeren Fleck auf unserer buckligen Welt, auf dem sich Bergsteiger extremerer Richtung nicht alpinistisch betätigen können. Ob in der Sahara, in den polaren Zonen oder am Strand von Ischia, überall gibt es bergsteigerische Möglichkeiten. Ostafrika und Kenia stellen keine Ausnahme dar. Im Gegenteil, der Mount Kenia ist bestimmt eines der reizvollsten Ziele des Schwarzen Kontinents.

Als der Missionar John Lewis Krapf im Jahre 1849 behauptete, er habe von der zirka 200 Meilen entfernten Ortschaft Kitui einen riesigen Vulkankegel entdeckt, der eine gewaltige Höhe aufweist, da schenkte man seinen Worten wenig Glauben. Krapf wurde aber viel später durch Joseph Thomson bestätigt, und 1887 gelangte die Count-Teleki-Expedition von Südosten ziemlich nahe an den Berg heran, wobei eine Höhe von 4280 Metern erreicht wurde. Erstmals zum Fuße des Berges gelangte 1893 der Geologe J. W. Gregory, indem er unterhalb der Ostabstürze den nach ihm benannten Gletscher betrat und auch zum Lewisgletscher gelangte, an dessen Rand heute die Austrianhütte steht. Der Berg selbst, dieser zur mächtigen Felssäule erstarrte Koloß vulkanischen Ursprungs, schien auf den ersten Blick unersteiglich zu sein. Die europäische Bergsteigerelite – die für einen Ersteigungsversuch in Frage kam – war im Alpengebiet noch zu engagiert, um ernsthaft an ein solches Abenteuer zu denken. Trotzdem wuchs das Interesse, denn schließlich sprach es sich herum, daß mit dem Mount Kenia das wohl größte bergsteigerische Ziel Afrikas auf verwegene Alpinisten warte. 1899 war es soweit. Zu einem Zeitpunkt, als auch der Campanile Basso (Guglia) in der Brentagruppe erstmals bezwungen wurde, da gelang Halford J. Mackinder mit den beiden Führern Cesar Ollier und Josef Brocherel aus Courmayeur die Erstbesteigung des Mount Kenia. Also zehn Jahre nach der Eroberung des höchsten Berges Afrikas wurde auch der schwierigste Gipfel des Kontinents erstiegen. Freilich wurde der Batian (5199 m) – der höhere der beiden Keniagipfel – auf großen Umwegen erreicht, und kaum jemand wird heute diesen Spuren folgen. Zuviel Respekt flößte wohl der Pfeiler oberhalb des Gendarms, der direkt zum Neliongipfel leitet, ein. Aber schon die Überwindung des Mackinderkamines im unteren Wandteil der SO-Wand stellte damals eine außergewöhnliche alpinistische Leistung dar. Den etwa hundert einheimischen Kikuyuträgern, die der Expedition bis zum Rand des Lewisgletschers folgten, kam die verwegene Besteigung bestimmt wie eine riesige Gotteslästerung vor, denn wie in fast allen Glaubensbekenntnissen der Naturvölker ist auch bei den Kikuyu der Berg ein heiliger Götterthron. Daß gerade aus diesem Negerstamm später eine Persönlichkeit wie Jomo Kenyatta hervorgehen sollte, beweist eine hohe Intelligenzstufe dieses Volkes. An der Spitze des Staates erreichte der ehemalige Kikuyuführer bald eine wirtschaftliche und soziale Blüte, die in Anbetracht der vorhandenen Möglichkeiten für Afrika beispielgebend war. Dies obwohl Kenia geographisch zwischen den politisch unterschiedlich eingestellten Staaten Uganda und Tansania eingekeilt ist. Nach der Erstbesteigung des Mount Kenia waren sich aber die Kikuyuträger sicher einig, daß der Fluch der obersten Gottheit „Nagi" – des Schöpfers aller Dinge – die Bergsteiger bis an ihr Lebensende und weiter verfolgen werde.

Nun wurde es lange Zeit still um den Berg. Die wirtschaftliche Situation Europas und der Erste Weltkrieg mögen eine Rolle gespielt haben, daß

Abb. Seite 148/149 – Der Mt. Kenia, mit 5199 m der höchste Berg des Landes, vom Mackinders-Camp in 4200 m Höhe. Im Vordergrund die charakteristische Vegetation des Hochmoors im Teleki-Valley

erst 1929 wieder echte Bewerber auftraten. Eric Shipton aus England folgte mit seinem Partner P. Wyn Harris der Route Mackinders bis zum Gendarm und ging dann das ungelöste Problem des Pfeilers zum Neliongipfel an. Über eine senkrechte, überaus schwierige Rißreihe gelangte er zu einem luftigen Quergang, der ihn wieder in leichteres Gelände leitete. Damit war das Problem gelöst, denn nur noch leichter Fels war bis zum Gipfel (5190 m) zu bewältigen. Bereits ein Jahr später war Shipton zusammen mit H. W. Tilman wieder unterwegs zum Mount Kenia. Es gelang die erste Überschreitung beider Gipfel und die Ersteigung des Westgrates am Batian. 1938 waren erstmals Frauen am Gipfel (Nelion – Miss C. Carrol und Batian Miss U. Cameron), und auch der erste Afrikaner (Mtu Mathara) wagte sich mit englischer Führung auf den Thron der Götter. Dann begann einige Jahre später die große Mount-Kenia-Zeit des Arthur H. Firmin, der eine stattliche Zahl der noch unbegangenen Pfeiler und Grate auf seine Erfolgsliste setzte. Mit der Besteigung der Ostwand im Jahre 1963 durch die Seilschaft B. Cliff (England), Dr. H. Klier und Siegfried Aeberli (beide Österreich) wurde nicht nur die erste Route des VI. Schwierigkeitsgrades auf diesem Berg geschaffen, es war auch gleichzeitig ein Höhepunkt in der glanzvollen Geschichte des Mount Kenia.
Nachdem die meisten Felswände, Grate und Pfeiler erstiegen waren, ging man natürlich auch an die letzten Probleme – die steilen und gefährlichen Eisfälle – heran. Heute sind die meisten bereits bezwungen, aber für ideenreiche Neulandsucher gibt es bestimmt noch etwas zu ernten.

Die Mount-Kenia-Besteigung

Die leichteste Route auf den Mount Kenia ist die SO-Wand (siehe Skizze) und beinhaltet den Schwierigkeitsgrad IV+. Da man diese Schwierigkeitsstufe in einer Höhe von etwa 5000 Meter überwinden muß, ist eine gute körperliche Fitneß neben bergsteigerischem Können und Erfahrung eine unbedingte Voraussetzung. Auf die im Shipton- und Ricketyriß angebrachten Fixseile sollte man sich besser nicht verlassen. Die Mitnahme von einem Paar Steigeisen pro Seilschaft ist angebracht, da die Rinnen, die vom Gendarm zum Pfeileraufschwung leiten, manchmal unangenehm vereist sein können. Eine kleine Biwakschachtel befindet sich beim Gendarmgrat (etwa 2 Stunden vom Einstieg), und eine weitere steht direkt am Neliongipfel. Ausgangspunkt für die Normalroute (SO-Wand) ist Naro Moru bzw. die Naro Moru Riverlodge. Diese liegt auf 2000 Meter Höhe und wird von einem englischen Ehepaar geführt, welches neben guter Unterkunft mit Kaminfeuer auch Träger, Hüttenreservierungen, Leihausrüstung und Transfer zum Ausgangspunkt anbietet. Die Stützpunkte am Berg für die SO-Seite sind: Urwaldbiwak (3300 m), Telekihütte (4100 m), Mackinderscamp (4150 m) und Austrianhütte (4700 m). Für die SW-Seite ist Nanyuki Ausgangspunkt, und als Stützpunkt steht die Kamihütte zur Verfügung.
Die beste Jahreszeit für eine Besteigung ist erfahrungsgemäß der europäische Winter von Ende Dezember bis Mitte März. Anschließend beginnt die große Regenzeit, die bis etwa Juni andauert. Die zweite Mount-Kenia-Saison beginnt im Juli und endet im September. Diese Periode zeichnet sich aber öfter durch plötzliche Wetterumstürze, verbunden mit großer Kälte, aus. Natürlich kann dies auch in der ersten Saison passieren, aber die Wahrscheinlichkeit eines überraschenden Schneestur-

mes ist in den Sommermonaten größer. Die Monate November und Dezember sind der kleinen Regenzeit vorbehalten und schließen eine Besteigung normalerweise aus. Während für die SO-Seite (Normalweg) beide Perioden in Frage kommen, ist die SW-Seite in der europäischen Wintersaison meist noch mit Schnee und Eis bedeckt. Die zweite Periode (Juli–September) ist also die Hauptzeit für Besteigungen vom Ausgangspunkt Kamihütte (SW-Seite).
Als Kletterzeit für den Normalweg sind 4½ bis 6 Stunden vom Einstieg zu kalkulieren. Auch für den Abstieg benötigt man nochmals 2 bis 2½ Stunden. Die Überschreitung vom Nelion zum Batian dauert etwa 1 Stunde. Bei einer Gesamtüberschreitung sind für den Abstieg auf der SW-Seite mindestens 3½ Stunden zu rechnen. Die Zeitangaben beziehen sich auf normale Verhältnisse! Ausrüstung: Gute Westalpenausrüstung (ohne Pickel), ein Paar Steigeisen pro Seilschaft und ein Eishammer, zehn bis zwölf Karabiner, acht bis zehn Haken verschiedener Größen, zwei oder drei größere Klemmkeile.

Abenteuer SO-Wand

Als wir Anfang Februar 1971 in der Naro Moru Riverlodge eintreffen, sind wir voller Zuversicht. „Wir", das sind sechs Männer, zum Teil mit großer alpiner Erfahrung und kleinen Bärten, die auf die Kürze des erst begonnenen Afrikaurlaubes hinweisen. Unser Ziel ist zwar nur (!) der Normalweg, aber unter uns befindet sich ein Einarmiger, wodurch das Unternehmen zu etwas Außergewöhnlichem wird. Franz Helli, unser einarmiger Begleiter, war vor seinem Unfall ein großartiger Kletterer der klassischen Innsbrucker Schule aus der Ära Rebitsch, Rainer, Buhl. Mit seiner Zähigkeit und mit seiner und unserer Erfahrung könnten wir es gemeinsam wohl schaffen! Unsere Zuversicht ist sicher berechtigt. Am nächsten Morgen keucht unser VW-Bus die Kehren zum Eingang des Mount-Kenia-Nationalparks hinauf, wo die übliche Registrierung erfolgt, dann nimmt uns der dichte Regenwald auf. Abgesehen von ein oder zwei Elefanten und ein paar Büffeln, die den Anblick eines Autos bereits gewöhnt sind und sich erst im letzten Moment ins Dickicht zurückziehen, sehen wir auf der Fahrt keine Tiere. In etwa 3100 Meter Höhe ist der Fahrweg plötzlich zu Ende. Wir haben uns ein paar Träger vom Stamme der Kikuyu angeworben und nehmen den Weg leichtgeschürzt unter die Füße. Jetzt können wir eine Menge Affen bei ihren Turnübungen im Geäst beobachten, ehe sich die ersten Lichtungen des Waldes abzeichnen. Für den Botaniker tut sich hier ein Paradies auf. Riesen-Heidekrautbüsche, die bis zu drei und vier Meter hoch sind, zweihundert Jahre alte Senecien, Riesenlobelien, Straußenfedernlobelien, all dies nimmt unsere Film- und Fotowut in Anspruch. Aber plötzlich steht das Ziel unserer Urlaubswünsche vor uns. Hoch über dem Telekital strebt der Mount Kenia gegen den Himmel. Sein Anblick drängt alles andere Tun und Denken in den Hintergrund. Nun eilen unsere Blicke und Gedanken dem Abenteuer in den Rissen und Wänden voraus. Wird es bald Wirklichkeit oder bleibt es eine Illusion? Die greifbare, exotische Flora und Fauna ist momentan nicht existent, der noch weit entfernte Berg, den die Einheimischen „Kirinyaga" nennen, den „weißen", den „strahlenden" Berg, er nimmt uns jetzt in Besitz. Auch die Träger schauen stumm hinauf, für sie ist er immer das Symbol der Heimaterde und die Brücke zwischen Mensch und Gott.
Nach etwa vierstündigem Marsch erreichen wir das Mackinderscamp, unser Tagesziel. Die langen Schatten und die aufkommende, abendliche Kälte machen den Berg zu einem feindseligen Anblick. Bei der Erkundung der näheren Umgebung gibt es ein heiteres Intermezzo. Gerhard ist gerade dabei, einen gar nicht scheuen Hyrax (Klippschliefer),

Oben – Am Mt. Kenia. Blick vom Batian, 5199 m, zum Nelion, 5188 m

Rechts – Kletterei am Mt. Kenia

der in Aussehen und Lebensweise unserem Murmeltier sehr ähnelt, zu filmen. Zu diesem Zweck hat er seine gute, teure Sonnenbrille abgenommen und auf einen Stein gelegt. Nun surrt die Kamera, und mit einem Satz holt sich der Hyrax die Brille und verschwindet damit in seinem Loch. Gerhards Film legt Zeugnis für den gemeinen Diebstahl ab. Die Nacht im Camp ist kalt, bringt aber strahlendes Wetter am Morgen. Für diesen Tag ist lediglich der kurze Marsch zur Tophütte – welche heute zerfallen neben der jetzigen Austrianhütte steht – vorgesehen. Natürlich ist auch an die Besteigung des Point Lenana gedacht, der von der Hütte aus nur einen kleinen Spaziergang darstellt. Wir wollen uns aber für die Kenia-Besteigung schonen, da alle noch nicht genügend akklimatisiert sind. Mit meinem Kikuyuträger bin ich vorausgegangen und versuche mit ihm ins Gespräch zu kommen. Er versteht natürlich unsere Sprache nicht, aber mit Gesten und etlichen englischen Brocken ist die Unterhaltung gegeben. Ein mühseliges Verständigen, aber dieser Kontakt, der einem in der Stadt durch das Überangebot oft zuwider ist, stellt hier ein Erlebnis dar. Darum sind wir gekommen! Am Berg zählt nicht bloß die Eroberung, das wäre viel zuwenig, wenn es auch für manche fast alles ist. Für mich ist das Erlebnis der Mensch und die kritische Selbsterkenntnis. Zugegeben, ich erobere aus Eitelkeit, aber sie ist nicht das Fundament meiner Risikobereitschaft und meiner Ausdauer. Ich habe auch nichts gegen Fortschritt und Technik einzuwenden, aber richtig Mensch bin ich nur da, wo die Landschaft so ist, wie sie immer war. Und ein solches Stück Landschaft haben wir hier vor Augen.

Heute kommt mir der Mount Kenia schon viel vertrauter vor, ich habe mich mit ihm ausgesöhnt, und es bleibt keine Spur mehr von der gestrigen Furcht und Feindseligkeit. Wie unterschiedlich man doch den gleichen Gegebenheiten bei Betrachtung in einem anderen Licht gegenübersteht!

Die Nacht in der zugigen Tophütte ist wieder kalt und diesmal auch kurz. Bei der ersten Dämmerung stolpern wir über den Lewisgletscher zum nahen Einstieg. Helli und ich bilden die erste Seilschaft, während Robert, Jürgen und Adi als Dreierteam hinter uns ans Werk gehen, um Helli eventuell behilflich sein zu können. Bald schaut der Mackinderskamin düster auf uns herunter, und wir ziehen eine Umgehung durchs Rabit Hole vor. Ein kühler Wind begleitet uns. Gespenstisch treibt er Nebel- und Wolkenfetzen vor sich her und gibt der Landschaft einen großartigen überdimensionalen Ausdruck. Die Sorge ums Wetter treibt uns zur Eile. Daher gönnen wir uns beim bald erreichten Gendarm keine Ruhepause. Trotz der Höhe geht's zügig vorwärts, und Helli ist, wie erwartet, in Topform. Die Biwakschachtel lassen wir links liegen und finden in den Eisrinnen vor Beginn des Pfeileraufschwunges ideale Verhältnisse vor. Kleine Eisstellen können im Fels links oder rechts umgangen bzw. überspreizt werden. Die nun folgenden, senkrechten Risse nehmen zwei Seillängen lang unsere ganze Aufmerksamkeit in Anspruch. Sie sind unbedingt mit IV und IV+ zu bewerten. Der anschließende Quergang stellt das einzig echte Problem für Helli dar, daher spanne ich ein Seilgeländer, da solche Passagen sonst mit einer Hand faktisch unmöglich zu klettern wären. Der Tag ist noch jung, und zu unserer Freude hat sich auch das Wetter gebessert. So können wir das Tempo limitieren und die letzten Seillängen zum Gipfel genießen. Der gelüftete Nebelschleier gibt den Blick in die Weite Kenias frei. Plötzlich streift mich ein scharfer Windstoß, ich weiß, der Grat und der Gipfel sind nicht mehr weit. Dann stehen wir oben und schauen und fotografieren . . . und schauen . . .

Ich sehe Hellis kleine Augen und erblicke in ihnen vermutlich jenen Zustand, den die Buddhisten Nirwana nennen; wunschloses, leeres Dasein, einen langen Augenblick lang. Auch mir scheint es so zu gehen, es gibt in mir keine großen Wünsche und keine großen Gedanken. Ich habe nur das Gefühl, daß uns die eben erlebte Landschaft gehört, und das kommt mir unendlich viel vor.

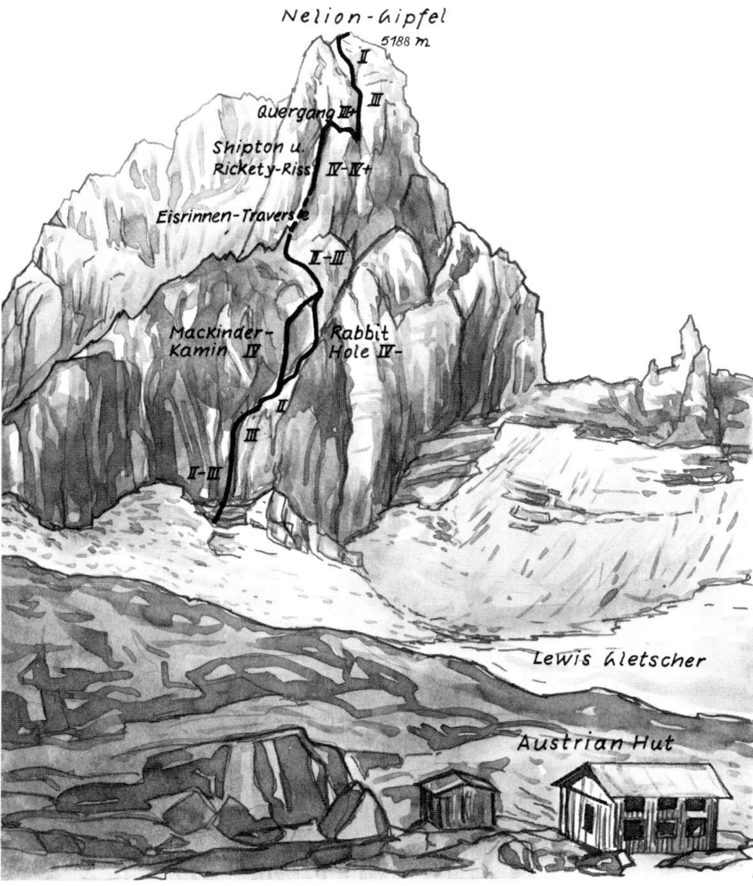

Mt. Kenia, SO-Wand

Die Bergung, die alle normalen Maßstäbe sprengte

Am Samstag, den 5. September 1970, stürzte der junge Innsbrucker Arzt Dr. Gert Judmaier beim Abstieg vom Batiangipfel kurz unterhalb des höchsten Punktes 15 Meter ab. Er zog sich dabei einen offenen Unterschenkelbruch und andere leichtere Verletzungen zu. Sein Seilgefährte Doktor Oswald Ölz war natürlich nicht in der Lage, den Schwerverletzten in Sicherheit zu bringen, lagen doch 600 Meter zum Teil senkrechtes Abstiegsgelände noch vor ihnen. „Bulle“, wie Dr. Ölz in unseren Kreisen wegen seiner stämmigen Figur genannt wird, tat das einzig Richtige und versuchte Hilfe für einen behelfsmäßigen Abtransport zu holen. Gert war nun in 5100 Meter Höhe einer psychischen und physischen Belastung ausgesetzt, die kaum vorstellbar ist. Am Montag, also zwei Tage später, erfuhr Gerts Vater vom Unglück. Er entschloß sich sofort, nach Kenia zu fliegen, um eventuell eine Rettungsaktion zu veranlassen. Am Dienstag früh war Prof. Judmaier bereits in Kenia tätig. Er erfuhr von der verzweifelten Lage Gerts und der Aussichtslosigkeit, in Kenia mehrere Bergsteiger aufzutreiben, die eine so schwierige Bergung durchführen können.
Inzwischen schneite es am Mount Kenia, und die Temperatur fiel enorm. So konnte eine kleine aufsteigende Gruppe vorerst nicht einmal zur Unfallstelle vordringen. Prof. Judmaier forderte kurz entschlossen von der Bergrettung Innsbruck eine fünfköpfige Einsatzgruppe an. Ein Entschluß, der alles in sich barg; von Vaterliebe und Risiko bis zur minimalsten Erfolgschance. In Innsbruck wurde am Mittwoch eine Mannschaft für den Einsatz zusammengestellt. Man tat gut daran, fast durchwegs Leute auszusuchen, die kurz vorher im Hindukusch und Himalaja waren. Damit war die

Gewähr gegeben, daß eine Blitzaktion durch bestens höhenakklimatisierte Männer gestartet werden konnte. Dr. Raimund Margreiter (Arzt), Kurt Pittracher, Werner Haim, Walter Larcher, Horst Bergmann und Walter Spitzenstätter starteten am Donnerstagnachmittag um 16 Uhr in Innsbruck.
Am Berg selbst tat sich inzwischen auch einiges. Nachdem im Radio ständig freiwillige Helfer mit Bergerfahrung aufgefordert wurden, zum Berg zu kommen, gelangte eine kleine internationale Bergsteigergruppe zum Verletzten und versuchte einen Abtransport. Man kam aber in vier Tagen kaum 150 Meter weit. Das Problem lag an der Schlucht zwischen Unfallstelle und Firmin Tower, die es zu überwinden galt. Ein amerikanischer Hubschrauberpilot stürzte bei einem Materialtransport mit seinem Helikopter tödlich ab. Ein Menschenleben – das Jim Hastings – war damit schon geopfert, sollte man nun nicht das Leben des Verunglückten – das sowieso an einem seidenen Faden hing – aufgeben? Man könnte so ein drittes und weiteres Opfer vermeiden! Hier an diesem Punkt zeigt das Bergsteigen mit all seiner Brutalität seine menschlichste Seite. Da riskieren Unbekannte für Unbekannte ihr Leben und wollen keinen Dank dafür. Es gibt nur eine Regel und die besagt, daß dem geholfen werden muß, der in der größten Notlage sich befindet, ganz gleich wie groß das Risiko ist.
In Kenia verfolgte inzwischen die Bevölkerung gespannt die Entwicklung der Rettungsversuche. Täglich gab es Schlagzeilen und auch immer wieder Aufrufe zur freiwilligen Mithilfe. Mehr als 30 Alpinisten – viel mehr erfahrene Bergsteiger gab es in Kenia sicher nicht – eilten von ihren Arbeitsplätzen zum Berg. Viele andere halfen freiwillig an den Nachrichtenvermittlungsstationen. Insgesamt waren vielleicht 200 Menschen im Einsatzfieber.
Als am Freitag die Maschine der East African Airways mit den Innsbrucker Bergrettungsmännern an Bord in Nairobi landete, da führte sie der Polizeichef selbst sofort zu einer bereits wartenden Cessna, die den Weitertransport nach Nanyuki besorgte. Es gab keine Zollformalitäten und keine Wartezeit. Es ging um ein Menschenleben, und Kenia zeigte sich in dieser Situation als fortschrittlichst human denkender Staat mit einer kaum erwarteten Solidarität.
Samstag früh um 0.30 Uhr erreichte das Rettungsteam aus Tirol die Kamihütte. Wenige Stunden später war es bereits beim Aufstieg zum Verunglückten, da von oben ein Funkspruch kam, der über den schlechten Zustand Dr. Judmaiers berichtete. Gert litt in der letzten Nacht unter Halluzinationen und glaubte, nicht mehr lange durchhalten zu können. Aber wie alles an dieser Aktion, war auch das Tempo der Spitzengruppe der Rettungsmannschaft unglaublich, und sie schaffte den Aufstieg in kürzester Zeit. Sofort wurde die Bergung eingeleitet, und zum Staunen der schon mehrere Tage am Berg biwakierenden Alpinisten wurde eine Seilverbindung zum Firmin Tower hergestellt und Dr. Judmaier, in der Gebirgstrage hoch über der Schlucht baumelnd, hinübergezogen. Dieses Manöver war der Schlüssel zum erfolgreichen Abtransport. Aber immerhin waren noch 500 Meter zum Teil senkrechtes Gelände abzuseilen. Um 21.30 Uhr war die Bergung in der Wand beendet, und die schwarzen Träger konnten am Einstieg die Rettungstrage übernehmen.
So wurde das Unwahrscheinliche doch noch geschafft. Durch den selbstlosen Einsatz vieler Menschen und durch eine beispiellose Zusammenarbeit über zwei Kontinente hinweg, gab es unter Anteilnahme der gesamten Bevölkerung Kenias ein Happy-End. Sicher waren auch kleine Zufälle und glückliche Umstände für den Erfolg maßgebend, aber in erster Linie war es natürlich das unwahrscheinliche Durchhaltevermögen Gert Judmaiers. Er bedankte sich bei seinen vielen Rettern, indem er sich nie aufgab.

Kenias Unterwasserwelt

Kenia, Urlaubsziel winterflüchtiger Europäer und Ausgangspunkt für Safaris und Buschtouren aller Art, kann auch dem anspruchsvollen Sporttaucher einiges bieten: eine Unterwasserwelt von seltener Schönheit mit der Vielfältigkeit an Farben und Formen, wie es nur die tropischen Regionen unserer Erde aufweisen.

Von der Grenze Tansanias im Süden bis hinauf nach Malindi und dem Lamu-Archipel im Norden erstreckt sich, nur einige hundert Meter vom weißen Band der Küste mit seinen weichen Dünen und Palmenhainen entfernt, ein nahezu durchgehender Riffsaum, der nur an wenigen Stellen unterbrochen ist. Ihm verdanken es die Badegäste, daß sie vielerorts von Haien ungestört baden, oder mit Schnorchel, Brille und Flossen ausgerüstet, das bunte Leben in geringen Tiefen von zwei bis vier Metern bewundern können. Wer Unterwasserkamera oder -fotoapparat bei sich hat, kann hier bei guten Lichtverhältnissen auch ohne Blitzlicht beste Aufnahmen erzielen.

Erfahrene Gerätetaucher, die vorwiegend des Tauchens wegen an Kenias Küste reisen, finden in der Gegend um Malindi die schönsten und interessantesten Tauchgebiete. Für Schnorchler und Anfänger im Gerätetauchen sind die Verhältnisse vor Mombasa ideal.

Die Ufer an Kenias Küste fallen meist nur allmählich ab, und man erreicht an ihrer tiefsten Stelle zwischen Strand und Innenriffkante kaum mehr als zwei bis vier Meter Tiefe. In diese Lagunen kann man daher während der Ebbe weit hinauswaten, ohne den Boden unter den Füßen zu verlieren. Der Grund ist zunächst sandig, und man muß ein wenig hinausschnorcheln, bis man auf Bewuchs und die ersten Fische trifft. Dann jedoch häufen sich kleine Riffkanten von wenigen Metern Länge und einem Abfall von einem halben bis zu einem Meter, an denen reges Leben herrscht. Schlangen- und Haarsterne besiedeln die kleinsten Ritzen und Höhlen. Griffelseeigel und der schöne, doch gefürchtete Diademseeigel mit seinen bis zu dreißig Zentimeter langen Stacheln demonstrieren, ebenso wie die rotweiß gezeichneten Noppenseesterne, Seegurken und Riesenseeanemonen, in den weiten Seegraswiesen ihren Lebensraum. Schon hier an diesen „Kleinriffen" spürt man einen Hauch von der Großartigkeit der Schöpfung und fühlt sich als Taucher mehr denn sonst mit dem Leben und der Natur verbunden. Man muß sich hier schon sehr bedachtsam diesen für uns fremdartigen Geschöpfen und ihren eigentümlichen Gewohnheiten nähern, muß zurückhaltend und ruhig an ihre Pforten klopfen, um nicht als ungebetener Gast in dieser stillen Welt gemieden oder gar gefürchtet zu werden.

Je weiter man sich hinauswagt in die Nähe des eigentlichen Riffes, umso größer wird der Artenreichtum. Hier beginnt das steinerne Reich der Korallen. Diese Kolonien winziger kalkabscheidender Polypen benötigen reines, sauerstoffreiches Wasser von relativ hoher Temperatur (25 bis 30 Grad Celsius) und gleichbleibendem Salzgehalt. In den meisten Korallenarten leben kleinste Algen, die zur Assimilation Sonnenlicht benötigen. Korallen gedeihen daher vorwiegend in den Brandungszonen der Riffe, in Tiefen von zirka 10 Metern bis dicht unter die Wasseroberfläche. Sie können sich ungeschlechtlich durch Teilung oder geschlechtlich vermehren, da einige Polypen Spermien und Eier produzieren, die sich zu Flimmerlarven und weiter zu kleinen Polypen entwikkeln. Korallenstöcke erreichen Höhen bis zu einigen Metern und sind oft ebenso weit ausladend.

Riffe sind die Schmuckkästchen der UW-Welt. Mit ihnen zeigt die Natur dem Taucher ihre ganze Phantasie und Schönheit. Wer die klassischen Tauchgebiete dieser Welt, das Große Barriere-Riff Australiens, das Rote Meer, die Karibischen Inseln oder die Tauchplätze der Seychellen und Malediven kennt, wird es nicht verabsäumen, auch der Küste Ostafrikas und im besonderen Kenias seinen Besuch abzustatten. Das Leben im Riff ist ein einziges Ganzes, eine Lebensgemeinschaft für sich. Schutz, Nahrung und Heimstätte werden hier von den Bewohnern gegenseitig angeboten. Nachfrage und Angebot sind in diesem natürlichen System wohl ausgeglichen. Kenias Regierung hat zum Schutz dieser Naturlandschaft unter Wasser auf sämtlichen Tauchbasen absolutes Jagdverbot angeordnet. So ist hier, zumindest vor den Auswüchsen allesjagender Taucher, der Lebensraum der seltenen Rotfeuerfische, Kugelfische, zahlloser Riffbarsche, Trompetenfische und einer Unzahl farbiger Korallenfische geschützt. Bleibt nur zu hoffen, daß die allgemeine Verschmutzung der Weltmeere nicht weiter zunimmt und auch an diesem Stückchen Paradies am Indischen Ozean ihre Spuren hinterläßt!

Von vielen Hotels an der Küste des Landes aus werden Bootsfahrten mit Glasbodenbooten, aber auch Einbäumen zur Innenkante des Riffs veran-

Abb. Seite 156/157 – Kenias Küste zählt zu den schönsten Tauchgebieten unserer Erde. Eine stille, zauberhafte Welt voller Geheimnisse erwartet den Taucher. Der Artenreichtum des Meeres scheint nahezu unerschöpflich und zeugt von der weitgehenden Unberührtheit dieser Unterwasserwelt hier am Indischen Ozean

Seite 156 oben – Korallenfische; unten – Zackenbarsch

Seite 157 links – Blauer Engelsfisch; rechts – Juwelenbarsch

staltet. Von den Booten kann man nach Belieben ins Wasser steigen und schnorcheln. Überall hat man Grund unter den Füßen, so daß auch zaghafte Naturen auf ihre Kosten kommen. Maske, Schnorchel und Flossen, also die sogenannte Abc-Ausrüstung, sind in den meisten Hotels auch zu leihen. Individualisten und Leute mit größerer Reisekasse chartern sich Boote mit einheimischen Führern. Diese Guides kennen das Gebiet zwischen Strand und Riff genau und lassen sich von der Begeisterung ihrer Tauchgäste zu Höchstleistungen an Findigkeit anspornen. Man bekommt dann nicht nur Korallenfische einzeln und in Schwärmen „vorgeführt", sondern auch die farbenprächtigsten Seesterne, wie z. B. den Roten Stachelstern oder den Kissenseestern und den Lederseeigel. Letzterer zählt zu den Schönsten seiner Art, doch muß man sich vor seinen Stacheln hüten, deren Stich starke Schmerzen verursacht. Leider werden diese Tiere von den Einheimischen in großen Mengen ertaucht, präpariert und an Touristen verkauft. Fraglich ist, ob hier von offizieller Seite eingegriffen wird, ehe diese besonders schönen Exemplare von Seesternen und -igeln nur noch im Aquarium zu betrachten sind.

Wegen der starken Reflexion der Sonnenstrahlen sei darauf hingewiesen, daß Taucher und besonders Schnorchler, die nicht im Besitz eines Tauchanzuges sind, im Wasser Baumwollhemden mit langen Ärmeln und Jeans anziehen sollten. Andernfalls droht ihnen binnen kürzester Zeit ein schmerzhafter Sonnenbrand auf Schultern, Rükken und Beinen.

Gewarnt sei auch vor den Giftstacheln der Rotfeuerfische, Steinfische und Petermännchen. Auch noch kleine Exemplare in dem relativ seichten Wasser zwischen Strand und Riff können gefährliche Verletzungen verursachen. Verschiedentlich trifft man im flachen Wasser auf Seeschlangen. Sie ergreifen zwar im allgemeinen die Flucht, doch ist Vorsicht geboten. Auch der schwarzweiß gestreifte Korallenwels, den man mitunter in großen Schwärmen unter Korallenstöcken antrifft, kann mit seinen Stacheln dem Taucher erhebliche Verletzungen zufügen, so man versucht, den Fisch anzufassen. Erwähnt sei auch das Vorkommen verschiedener Quallenarten mit besonders starkem Nesselgift, deren Nähe man auf jeden Fall meiden sollte. Weniger gefährlich, doch sehr schmerzhaft kann ein Anstoßen an die weitverbreitete Feuerkoralle sein. Haie sind, wie auch die anderen größeren Fischarten, fast ausschließlich außerhalb des Riffes anzutreffen. Vorsicht ist jedoch bei Tauchgängen an jenen Stellen geboten, an denen dieser schützende Wall fehlt oder stellenweise unterbrochen ist. Haie gelangen dann auch in seichtere Gewässer hinter dem Riff. Bei einiger Achtsamkeit wird jedoch der Abstieg in die geheimnisvolle Unterwasserwelt Kenias trotz der bestehenden Gefahren immer wieder zu einem sicheren und herrlichen Erlebnis für jeden begeisterten Sporttaucher.

Zur Zeit gibt es in Kenia eine Tauchbasis in Malindi und eine weitere an der Strecke zwischen Malindi und Mombasa. Hier können Tauchgeräte ausgeliehen bzw. wieder gefüllt werden. Darüber hinaus kann man mit Tauchern des Shimo Latewa Sea Horse Clubs, dem Tauchklub von Mombasa, Tauchfahrten unternehmen. Diese Möglichkeit bietet sich auch in Shimau, nahe der tansanischen Grenze. Weitere Tauchstationen befinden sich an der Küste in folgenden Hotels: Hotel-Club Baobab, Severin Sea Lodge, Hotel Turtle Bay, Hotel Watamu, Hotel Dolphin, Hotel Silver Beach, Hotel Bahari Beach. Außerdem besteht noch eine Basis auf der Insel Manda beim Hotel Ras Kitau.

Da Tauchbasen oft kurzfristig eröffnet und wieder geschlossen werden, sollte man sich auf jeden Fall vor Antritt der Reise hierüber informieren.

Großfischfang an Kenias Küste

Das Seegebiet um Malindi kann man die Bucht der Sailfische nennen, denn an keinem Ort der Welt ist das Hochseefischen so ergiebig wie hier. In einer guten Saison werden von den Sportfischern 1000 bis 2000 Sailfische nach einem aufregenden Kampf gefangen.

Oldtimer wie Hemingway und Vanderbilt machten ihre Abstecher nach Malindi. H. B. Swan war ebenfalls so fasziniert, daß er sein Leben lang dem Sail treu blieb und die ersten Charterboote nach Malindi brachte, lange bevor der Tourismus mit der perfekten Organisation den Markt Malindi entdeckte.

Natürlich kommt ein Fisch selten allein, und so bleibt eine bunte Palette vieler Fischarten aufzuzählen, was wiederum, je nach Jahreszeit, Malindi so einmalig macht. Hier tummeln sich die verschiedensten Haiarten, der Marlin, verschiedene Thunarten, Bonito, Barega, King und Queensfisch, Rainbowrunner, verschiedene Makrelarten, Dolfin, Baracuda, Wahoo, Barsche, und ab und zu trifft man die ganz großen Walhaie bis zu 20.000 lbs. Ein einmaliges Erlebnis, mit dem Boot und der Crew eins zu sein auf der Jagd nach dem Fisch.

Es ist kaum vorstellbar, durch riesige Fischschwärme, größer als Fußballplätze, zu fahren, eine kochend brodelnde See voller Thun oder Bonitos in Sardinenschwärmen, die wiederum von Haien oder Marlin, Baracuda gejagt werden, dazu das schrille Ablaufen der Leinen, wenn der Fisch gebissen hat. Oder das virtuose Spiel mit dem Sailfisch, das Locken mit dem Fetzenköder, den richtigen Moment abwartend, um Leine geben zu können, das vorsichtige Tasten, ob der Sailfisch den Köder genommen hat, den Strike um den Haken richtig zu setzen und die explodierende See, wenn der Fisch springt, Leine nehmend, kämpfend, immer den Ausweg suchend. Eine fiebernde Crew, mit dem Boot den Weg verkürzend, dem Fisch folgend, selbst an der Route Meter für Meter einholend, wieder verlierend, wieder zurückholend, bis der Fisch ermattet neben dem Boot ist. Die Crew den um sich schlagenden Sailfisch am Schwert nehmend und an Bord ziehen als Krönung, das ist Hochseefischen, oder 4 bis 5 Stunden bei 35 bis 40 Grad einen Kampf mit den großen Haien zu haben, diesen dann zu verlieren, ist auch Fischen, das Unbekannte der Tiefe, nicht wissen, wann der Biß kommt, oder tagelang ohne etwas zu fangen und immer wieder zu gehen und doch zu wissen, einmal kommt der Fisch meiner Träume, das ist eine Realität in Malindi, meinem Fishermen-Paradise.

Die ostafrikanische Küste hat den gleichen Fischreichtum wie die Karibische See.

Allenfalls sind viele Hotels bei Ebbe durch trokkenfallende Korallenriff-Barrieren vom Meer getrennt, und auch bei Flut können die Riffe nicht vom Boot überquert werden.

An tiefen Buchten liegen Hotels bei der Insel Lamu, die Bucht von Malindi ist nach Nordosten offen.

In der Kilifibucht, 36 km nördlich von Mombasa, befindet sich der Mnarani-Club, in Mombasa der Bahari-Club.

Der Pemba-Channel-Fishing-Club, zirka 30 km südlich von Mombasa, hat vor der Tür hervorragendes, tiefes Fischwasser.

Ein Tip für den Hochseefischer. Buchen Sie bereits bei einem Fachmann in Europa.

Linke Seite oben – Tobender Marlin, gefangen beim Pemba-Channel-Fishing-Club von Shimoni, wo bisher alle Afrika-Rekorde aufgestellt wurden

←

Links unten – Die Krönung des Kampfes. Der um sich schlagende Segelfisch wird an Bord gezogen

←

Rechts unten – Ein gefangener Hai wird hochgezogen und gewogen

Kam der Mensch aus Kenia?

Ist es nur erwachter Nationalstolz der Keniaten, wenn Jomo Kenyatta, unterstützt vom derzeit wohl bekanntesten und erfolgreichsten Ausgräber fossiler Hominiden, R. Leakey, meinte, daß der Beitrag Kenias an die Welt der „Mensch“ sei?

Kaum eine Frage an die Naturwissenschaften ist so emotionsgeladen und vom wissenschaftlichen Augenblicksbild abhängig, wie die nach der Herkunft des Menschen. Fast alle Argumente sprachen noch vor wenigen Jahrzehnten für den zentralasiatischen Raum als Wiege der Menschheit, besonders gestützt auf die Funde E. Dubois 1891 in Java (datiert auf 500.000 Jahre) und die von Chouchoutien bei Peking 1927. Diese, heute als Homo erectus bezeichneten Lebewesen gingen aufrecht. Ihre Körperhöhe sowie Kulturstufe entsprach etwa der mancher noch lebender Zwergvölker, wie den Buschmanngruppen in Afrika.

Als L. Leakey – der kürzlich verstorbene Vater R. Leakeys – 1930 seine mühevollen, jahrzehntelangen Ausgrabungen in Olduvai begann und dort, unterstützt von seiner Frau Mary, Fund an Fund reihen konnte, neigte sich die Waagschale immer mehr zugunsten Ostafrikas. Die ersten Entdeckungen L. Leakeys gehörten in die Gruppe der Australopithecinen (Südaffen), unter die man eine ganze Reihe von Funden, begonnen bei Taung 1924 in Südafrika, subsumierte. Zwei Gruppen haben sich durch die Zunahme des Fundgutes herauskristallisiert. Der körperlich zartere, möglicherweise schon werkzeugherstellende Australopithecus africanus grenzte sich vom primitiveren, auf pflanzliche Nahrung beschränkten Australopithecus robustus ab. Beide waren zirka 1,5 m groß und lebten vor ungefähr 1,8 Millionen Jahren in ganz Ostafrika durch lange Zeiten nebeneinander. Ihre fossilen Zeugnisse finden sich deshalb von Südostafrika entlang des Ostafrikanischen Grabenbruches über Tansania und Kenia bis nach Äthiopien.

In Olduvai fand L. Leakey 1960 ein Unterkieferbruchstück und 1961 einen zertrümmerten Schädelrest, dessen Hirnvolumen nach Schätzung 650 Kubikzentimeter betragen haben soll und den er daher als Homo habilis (der „geschickte Mensch“) bezeichnete.

Dies war die Situation, als 1969 die Fundstellen am Ostufer des Rudolfsees erschlossen wurden. Der See war vor 2 Millionen Jahren viel größer und um 60 m tiefer als heute, dabei beträgt seine Länge immer noch 240 km. Nach dem dort lebenden Stamm der Turkana wurde er in Turkanasee umbenannt. Mary und Richard Leakey fanden zunächst einen gut erhaltenen Schädel eines Australopithecus robustus. 1972 gelang dem Leakey-Team der sensationelle, schlicht mit der Inventarnummer bezeichnete Fund „1470“, einem zwar großteils erhaltenen, aber stark zerbrochenen Schädel ohne Unterkiefer. Nach seiner Rekonstruktion bestand kein Zweifel, daß dieser Fund ein neues wichtiges Belegstück der Homo-habilis-Gruppe war. Sein Gesamtbau ist etwas verfeinerter als der der Habilisfunde aus Olduvai, seine Körperhöhe etwas niedriger als die des Robustus. Sein Alter wurde auf 1,9 Millionen Jahre geschätzt.

Zu vielen kleineren Funden und auch Skelettresten kam 1975 noch ein weiterer Fund eines Schädels, der zu einer ganz anderen Hominidengruppe gehört, nämlich zu Homo erectus. Er ist etwa 1,5 Millionen Jahre alt und hat bereits 900 Kubikzentimeter Hirnvolumen. R. Leakey sieht in diesem Fund den Beweis der Koexistenz der frühen hominiden Formen. Die stammesgeschichtliche Konsequenz ist durch dieses Nebeneinander von Formen, die früher als aufeinanderfolgende Entwicklungen gedeutet wurden, entsprechend groß. Sie bedingt, daß die Linie zum Homo damals schon getrennt verlaufen sein müßte und auch der Australopithecus africanus nur einen blind endenden Seitenzweig darstellt. R. Leakey vermutet weiter, daß zu dieser Zeit sogar noch Formen der Ramapithecinen gelebt hätten, in deren Kreis die Habilinen ihre Wurzel haben. Zur Zeit kennt man allerdings nur den Keniapithecus aus dem Mio-

zän Ostafrikas, der aber nach allgemeiner Ansicht, wenn überhaupt, dann jedenfalls zum Unterschied von seinen asiatischen Verwandten, ein noch recht äffischer Vertreter dieser Gruppe war. Diese Tatsache ist übrigens auch einer der Hauptgründe, warum nicht alle Paläontologen und Anthropologen Ostafrika als Ausgangspunkt der Hominiden ansehen. Die in jüngster Zeit gemachten Funde fortschrittlicher Ramapithecinen in Europa und Asien geben dazu neuerlichen Anlaß.

Die beiden Bilder – für die Verlag und Autor Herrn Prof. Harrer zu danken haben – zeigen einmal den großen Gegensatz zwischen dem Australopithecus robustus und dem Homo habilis, obwohl beide gleichzeitig am Rudolfsee gelebt haben dürften. Das zweite Bild gibt die Grabungssituation wieder, trotzdem kann man auch die unerhörte Strenge, die heute über dieser eindrucksvollen Landschaft liegt, erahnen, die vor 2 Millionen Jahren sicher nicht so abweisend war. Dieses Bild läßt aber auch deutlich erkennen, wie oberflächlich die Funde dort zutage treten, wodurch eine exakte Datierung äußerst erschwert wird. Von letzterer hängt jedoch ganz entschieden die Bedeutung der Habilis-Funde ab, da sie nur eine zeitliche Vorwegnahme eines sonst erst später zu erwartenden Evolutionsschrittes darstellen. Trotz aller Vorbehalte wird Kenia aber noch lang im Mittelpunkt wissenschaftlichen Interesses stehen.

Vorkommen von Edelsteinen

Das ostafrikanische Land Kenia fasziniert den Besucher nicht nur durch eine überaus reiche Fauna, die in wunderschönen Naturparks geschützt und damit den Touristen zugänglich gemacht wird, und eine interessante Flora, sondern auch durch die nicht lebende Natur, wunderschöne vulkanische Erscheinungsformen und vulkanische Produkte in Abwechslung mit alten kristallinen Gesteinen und den jeweiligen morphologischen Formen, d. h. seine Geographie, Geologie, Mineralogie und Petrographie.

Die kleinsten chemisch-physikalisch einheitlichen natürlichen Bestandteile der festen Erdkruste nennt man bekanntlich Minerale. Eine Besonderheit unter den Mineralien stellen die Edelsteine dar, die sich durch eine Kombination von Merkmalen, zu denen Farbe oder Farblosigkeit (Farbintensität), Reinheit, Größe und vor allem Seltenheit gehören, von den übrigen Mineralarten oder von den weniger edlen Vertretern der eigenen Mineralart unterscheiden.
Die natürlichen Vorkommen von Mineralen, die abbauwürdig sind, d. h. aus denen Minerale für den Gebrauch gewonnen werden, nennt man Lagerstätten.
Sowohl die Vorkommen als auch die Lagerstätten kann man nach ihrer **Entstehung** (genetisch) einteilen in
magmatische,
sedimentäre und
metamorphe.
Magmatisch bedeutet dabei, daß sie aus dem Magma, der heißen zähflüssigen Schmelze des Erdinnern (die, wenn sie an die Oberfläche kommt, Lava genannt wird) gebildet werden. Dazu gehören eine ganze Reihe von Edelsteinen. Innerhalb dieses sogenannten magmatischen Cyklus unterscheidet man verschiedene Phasen, die frühmagmatische, die liquidmagmatische, die pegmatitisch-pneumatolythische und die hydrothermale.
Sedimentär (sedimentum = Bodensatz) umfaßt alle im Zusammenhang mit der Verwitterung vor sich gehenden Prozesse (klastisch = mechanisch, chemisch und biochemisch). Von den Edelsteinen bilden sich nur wenige Vertreter in diesem Cyklus, beispielsweise Chrysopras, Chrysokoll, Malachit, Türkis u. a. Jedoch treten eine ganze Reihe in anderen Cyklen gebildete Edelsteine sekundär angereichert sedimentär auf.
Metamorph bedeutet, daß durch Veränderungen von Druck und Temperatur gewisse Minerale instabil werden und Mineralneubildungen erfolgen. Dabei unterscheidet man eine Kontaktmetamorphose, bei der warme magmatische Lösungen mit kaltem Nebengestein in Reaktion treten, und eine regionale Dislokationsmetamorphose, bei der ganze Erdkrustenteile bewegt und in mehr oder weniger große Tiefen gelangen und damit in ganz andere PT-Bedingungen.
Man kann die Vorkommen aber auch einteilen nach der Art ihres **Auftretens:** in primäre und sekundäre.
Primär bedeutet dabei, daß sie am Ort ihrer Entstehung und im Verband der gleichzeitig gebildeten Minerale (Paragenese) verblieben sind.
Sekundär bedeutet, daß sie vom Ort ihrer Entstehung wegtransportiert wurden an einen zweiten (secundus) Ort oder einen dritten. Dies geschieht häufig durch Flüsse, man spricht dann von fluviatilem Transport, durch das Meer (mariner Transport), durch den Wind (äolischer Transport) usw.
Da sie häufig spezifisch schwerere Minerale sind, werden sie im Verlauf des Transports an Vertiefungen abgelagert (sedimentiert), und da dieser Vorgang mit einer gewissen Sortierung, einer Auslese, zu vergleichen ist, spricht man von Seifen, speziell von Schwermineralseifen, und wenn die Schwerminerale überwiegend Edelsteine sind, von **Edelseifen.**

Geologischer Überblick

Geologisch gehört Kenia, wie das gesamte Ostafrika, zum größten Teil zu den Afriziden, die sich von Südsomalia bis Moçambique beobachten lassen. Diese sind ein altes Grundgebirge, das stratigraphisch als „Basement Complex" bezeichnet wird und sich petrographisch aus hochmetamorphen Sedimenten, Glimmer- und Hornblendegneisen und -schiefern, Cyanitgranatgneisen und Sillimanitgneisen und -schiefern sowie Marmoren und Quarziten aufbaut. Diese alten Gesteine sind hauptsächlich die Muttergesteine der Edelsteine auf primärer Lagerstätte.

Wie die geologische Übersichtskarte erkennen läßt, ist in Kenia von der Küste her ein schmaler Streifen jüngerer Sedimente (sogenanntes sedimentäres Vorland) zu beobachten, der den Grundgebirgssockel quasi verkleidet. Vom Perm über Trias, Jura, Kreide und Tertiär sind eine ganze Reihe immer jünger werdender stratigraphische Niveaus vertreten, die nach Osten hin einfallen.

Relativ jung sind die Vulkane, deren Tätigkeit im Mittleren Tertiär begann und bis ins Jungquartär andauerte. Dabei steht der Vulkanismus in engem Zusammenhang mit tektonischen Vorgängen. Die Tektonik zerlegte Ostafrika seit Beginn des Tertiärs in einzelne Schollen und schuf dabei in Bruchstufen und Störungszonen die berühmten Ostafrikanischen Gräben (System der Rift Valleys, das sich in verschiedene Seitengräben unterteilt).

Obwohl in Kenia schon seit langem diverse Mineralvorkommen inklusive solchen von Edelsteinen bekannt waren, ist das Land erst in den letzten ein bis zwei Jahrzehnten als bedeutender Lieferant von Edelsteinen in Erscheinung getreten, wobei ein Teil der angebotenen Steine aus Tansania stammt. Dabei sind zu nennen Vorkommen von: Apatit, Beryll, Cyanit, Epidot, Feldspat, Gaylussit, Granat, Korund, Kornerupin, Meerschaum, Obsidian, Olivin, Opal, Quarz, Sillimanit, Spinell, Sphen, Topas, Turmalin, Villiaumit, Zirkon, Zoisit.

Bei Edelsteinen kann man oft nicht sagen, woher das Material kommt, wenn man es nicht an Ort und Stelle selbst gefunden hat. Solange die Grenze zwischen Kenia und Tansania freizügig gehandhabt wurde, kamen sehr viele Edelsteine auf dem Markt von Nairobi zum Verkauf, die sicher aus Tansania stammten.

Um die Bedeutung ihrer Mineralvorkommen zu dokumentieren, hat die kenianische Regierung im Dezember 1977 einen Briefmarkensatz über Minerale und vor allem Edelsteine herausgegeben, die in Kenia gefördert werden. Dazu gehören z. B.:

10 c Gips	1,50 sh Achat
30 c Cyanit	2,00 sh Turmalin
40 c Amazonit	3,00 sh Aquamarin
50 c Bleiglanz	5,00 sh Rhodonith
70 c versteinertes Holz	10,00 sh Sapphir
80 c Flußspat	20,00 sh Rubin
1,00 sh Amethyst	40,00 sh Grossular

Apatit ist ein Calciumphosphat, das hexagonal kristallisiert, und wegen seiner geringen Härte (Grad 5 der Mohs-Skala) kein sehr guter Edelstein, aber er tritt in so vielen schönen Farben in schleifwürdiger Reinheit auf, daß er von Sammlern sehr geschätzt wird.

Grüne Apatite sind in Kenia gefunden worden, und zwar 10 Meilen westlich **Lodosoit** in der Nanyuki-Maralal-Region. Das Material kommt in Linsen zusammen mit **Tremolit** in hydrothermal veränderten basischen Intrusivgesteinen vor.

Zusammen mit Beryll, Topas und Amazonit werden blaugrüne Apatite in den Pegmatiten des Thuraflusses südöstlich Embu gefördert. Die übrigen Vorkommen sind kommerziell nicht interessant, jedoch ist es durchaus möglich, daß weitere speziell in der Taveta-Region gefunden werden.

Beryll ist ein Beryllium-Aluminium-Silikat, kristallisiert ebenfalls hexagonal und hat die Varietäten Smaragd, Aquamarin, Heliodor, Morganit usw.

Bisher ist in Kenia Beryll hauptsächlich in Industriequalität abgebaut worden, d. h. zur Gewinnung von Berylliummetall. Die wertvollste Varietät, der Smaragd, wurde in Kenia noch nicht beobachtet.

Aquamarine, gelbgrüne Heliodore und Rosaberylle werden in Kenia gefunden. Wie beim Apatit erwähnt, kommt Beryll zusammen mit Topas, Amazonit und Apatit in den Pegmatiten am Thurafluß vor.

Aquamarin ist in den Pegmatiten bei Nachola in der Baragoi-Region gewonnen worden. Außerdem führen auch die Pegmatite im Meru-Distrikt Aquamarine, die z. B. in der Nkondi-Mine gefördert werden.

In den Glimmer-Pegmatiten des südlichen Machakos-Distrikts (speziell bei Mukaa und Mukuyu) findet man gelegentlich blaue und grüne schleifwürdige Berylle. Ähnliche Vorkommen sind südwärts in die Sultan-Hamud-Region zu verfolgen, bei Ususu. In der Sebit-Mine in den Cheranganihügeln kommen grüne und blaue Berylle zusammen mit Lepidolith und Spessartin in Quarz-Perthit-Pegmatiten vor. Rosa-Beryll (Morganit) wird in der Gegend von Garba Tula gefunden, die genaue Lokalität ist nicht genannt.

Feldspate sind als Amazonite und als Oligoklase schleifwürdig in Kenia bekannt geworden. Es sind Kalium-Aluminium-Silikate und Mischreihen zwischen Natrium- und Calcium-Aluminiumsilikaten, die monoklin und triklin kristallisieren.

Amazonit kommt wie erwähnt zusammen mit Apatit, Beryll und Topas am Thurafluß vor.

Oligoklas hat man im Machakos-Distrikt festgestellt.

Epidot ist ein Calcium-Eisen-Aluminium-Silikat. Vorkommen werden vom Kajiado-Distrikt gemeldet, ebenso von Timau, Kubi, Kalo und nahe Garba Tula.

Cyanit ist ein Aluminium-Silikat, und er wird in blauer und grünlicher Farbe an vielen Stellen in Kenia in Cyanitschiefern im Basement Complex gefunden, vor allem im Süden des Landes, aber auch im Norden im Loiya-Loruguma-Gebiet kommt er in Cyanitgneisen bei Archer's Post vor. Vanadiumhaltiger Cyanit wird zusammen mit Rubin und Turmalin im Tsavo-Gebiet abgebaut.

Gaylussit ist ein Na-Calcium-Carbonat, das 1962 in schwarzen Tonschiefern am Lake Amboseli gefunden wurde.

Granat

Der Begriff Granat umfaßt eine ganze Reihe von Mineralarten, die z. T. untereinander Mischkristallreihen bilden. Unter ihnen sind eine ganze Reihe Edelsteine. Die Grundformel für die Granate ist

$$M_3'' M_2''' [Si O_4]_3.$$

Mit am längsten bekannt in Kenia sind Fundpunkte von Granaten, und zwar von roten Granaten in primären Vorkommen in metamorphen Gesteinen. **Almandine** findet man in schönen Formen als Rhombendodekaeder 5 Meilen westlich von Mukaa in der Machakos-Region, und zwar in Metamorphiten des Basement Complex. Ein großes Vorkommen von Granat-Cyanit-Fels ist 3 Meilen südlich Longalonga westlich von Tsavo aufgeschlossen. Große idiomorphe Kristalle von Pyrop kommen in amphibolitischen Gneisen bei Lengaruneni, 13 Meilen östlich von Namanga, vor.

Als M_3'' kommen in Frage Ca, Mg, Fe, Mn
als M_2''' kommen in Frage Al, Fe, Cr.

In der gleichen Region ist östlich Longai ein massiver Granathorizont eng verwachsen mit Epidot in einem kristallinen Kalk festgestellt worden.

Überblick über die Abbauarbeiten im Tagbau einer Mine in Kenia

Unten links – Prospektieren an einem Hügel, um die „höffigen" Teile ausfindig zu machen

Die drei anderen Aufnahmen zeigen den Abbau von Vanadium-Chrom-Grossular im Grundgebirge (basement complex) in den Taita Hills auf der Lualenyi-Ranch

In dem Report des Geological Survey of Kenia „Minerals of Kenya“ wird 1970 die Gegend südlich der Taita Hills als Fundpunkt von Granat erwähnt.
Dort sind Granate Komponenten von allen metamorphen Gesteinen des Basement Complex.
Im Jahre 1974 wurde ein ganz besonderes Vorkommen von grünen Granaten ebenfalls in der Region der Taita Hills entdeckt, die durchsichtigen Vanadium-Chrom-Grossulare, und zwar in dem Vorkommen am Mgama Hill auf der Lualenyi Ranch. Die Abbaue liegen in den Firsten komplexer Falten. Die Grossulare sind in pegmatitischen und porphyroblastischen Zentren (Potatoes) enthalten.
Meist treten die Grossulare in Graphitschiefern und Gneisen als Hauptminerale auf, daneben Turmaline und Tansanite. Die Steine kamen zunächst als Chromgrossulare auf den Markt (ähnlich den mehr Cr führenden Exemplaren von Komolo in Tansania), bis man feststellte, daß ein höherer Vanadiumgehalt die Farbe verursacht. Im Handel werden diese V-Cr-Grossulare inzwischen Tsavorite, nach dem Tsavo-Nationalpark, genannt.
Sie können von großer kommerzieller Bedeutung werden, sofern genügend zum Schleifen geeignetes Rohmaterial gefördert werden wird. Sie verdanken ihre Farbe Spuren von Cr und V und kommen in guten Exemplaren der Farbe von Smaragden sehr nahe.
Außerdem sind sekundäre Vorkommen speziell von Rhodolith bekannt geworden.
Die interessanteste und wertvollste Mineralart, die bisher in Kenia entdeckt wurde und in relativ großer Menge gefördert werden kann, ist **Korund.**
Korund ist ein Aluminiumoxid, das trigonal kristallisiert:
Al_2O_3
n 1.762 1.770
D = 3,99
und das in den Varietäten Rubin (rot), Saphir (blau) sowie auch in anderen Farbtönen auftritt.

Nach du BOIS und WAKSH (1970) wurde in Kenia erstmals Korund 1936 in Kinyiki Hill entdeckt und 1937/38 Edelkorunde auf sekundärer Lagerstätte gewonnen.
Es handelte sich vorwiegend um Industriekorund und wenige Saphire, die um 1962 abgebaut wurden.
Blaue und weiße Korunde sind bekannt geworden vom Boji Hill und Kubi Kalo (report 75). Kleinere Mengen von Edelsaphiren wurden auch bei Doldol gewonnen.
Bei Lugoyo östlich der Karissia Hills (re. 11) wurden Korundkristalle gefördert von blau-violett über rot-braun bis schwarz.
Es werden eine Menge anderer Fundpunkte angeführt, aber keiner von ihnen hat bis 1970 Steine von Edelsteinqualität erreicht. Seitdem kam blauer Saphir in größerer Menge von Westpokot und aus der Umgebung von Garba Tula.
Korunde der Varietät Rubin wurden 1974 erstmals gewonnen, und zwar im Grundgebirge primär am Rande des Tsavo-Nationalparks südlich der Taita Hills. Sie kommen dort primär in Gneisen und Marmoren vor und sind angereichert in sekundären Vorkommen in unmittelbarer Nachbarschaft.
Weiter südöstlich unmittelbar in der Nähe der Grenze zu Tansania wurden ebenfalls große Vorkommen entdeckt, wo die Rubine zusammen mit Cr-Turmalin und Disthen in Amphibolithen gewonnen werden. Sie haben z. T. sehr schöne Farbtöne, die dem „Taubenblutrot“ der Burma-Rubine nahekommen, und sind besonders gut für das Schleifen von Cabochons geeignet. Gelegentlich kann man auch facettierte Steine schleifen.

Kornerupin ist ein Magnesium-Aluminium-Bor-Silikat und ein relativ seltener Edelstein, der ursprünglich als Mineralart in nicht schleifwürdigen Exemplaren in Grönland gefunden wurde und nach dem dänischen Geologen Kornerup benannt wurde. Später kamen (und kommen noch) schleif-

würdige Kornerupine vor allem aus Ceylon, meist in braunen und braungelben Farbtönen, weniger für Schmuck als für Sammlerzwecke geeignet.
In sehr schöner grüner Farbe wurden Kornerupine in den siebziger Jahren in Kenia in der Nähe von Voi gefunden.
Diese grünen Kornerupine verdanken ihre Farbe dem Vanadium. Relativ selten sind unter ihnen auch grüne Kornerupin-Katzenaugen. Sowohl die grünen Vanadium-Kornerupine als auch die grünen Kornerupin-Katzenaugen sind bisher in ihren Vorkommen auf Kenia beschränkt, wo sie im präkambrischen kristallinen Grundgebirge primär in Wechsellagerungen von quarzitischen Schiefern und Gneisen vorkommen. Als Komponenten des Muttergesteins sind neben Kornerupin Quarz, Sillimanit, Cyanit, Muskowit, Apatit und Turmalin anzuführen. Am Kontakt von Gneis zu Quarzit konnten bis zu 10 cm lange und bis zu 4 cm dicke prismatische Kristalle beobachtet werden.
Sekundär ist der Kornerupin im Verwitterungsschutt angereichert.

Über die Zuordnung von Meerschaum zu Edel- und Schmucksteinen kann man verschiedener Meinung sein. Jedenfalls wurde **Meerschaum** (Sepiolit = wasserhaltiges Magnesiumsilikat) von guter Qualität im Jahre 1953 in Kenia entdeckt, und zwar am Lake Amboseli, teilweise in Kenia und teilweise in Tansania in relativ jungen Bildungen des Pleistozän bis Alluvium zusammen mit dolomitischen Kalken, Mergeln und Tonen.

Obsidian ist ein vulkanisches Glas und in einem so vulkanreichen Gebiet, wie es Kenia darstellt, fehlt es natürlich auch nicht an Vorkommen von Obsidian, speziell im Rift Valley bei Magadi, Nakuru sowie am Lake Naivasha.

Olivin ist ein Eisenmagnesiumsilikat und wird als Edelstein oft Peridot genannt. Seine Hauptvorkommen sind die Insel St. John's im Roten Meer, Burma, USA und Norwegen. Aber u. a. sind auch in Kenia Lokalitäten bekannt geworden, wo man Olivin findet. Dazu gehören z. B. die Laven des Merri-Plateaus im Garba-Tula-Gebiet und die Taita Hills. Relativ schöne Exemplare sind aus einem kleinen pleistozänen Vulkan, namens Kynadaini, 7 km östlich Emali, bekannt geworden. Das Muttergestein ist ein Olivinbasalt, aus dem durch Verwitterung Olivine auf sekundäre Lagerstätte gekommen sind.
Bei dem Olivin handelt es sich um einen Mg-reichen Forsterit.

Opal wird relativ häufig in Kenia gefunden, jedoch kaum als Edelopal, außer gelblich-grünlichem Material, das in Form großer Knollen in Diatomeenerde 10 Meilen östlich von Nyahuru (hieß früher Thomson's Falls) auftritt.

Quarz, SiO_2, ist mit seinen Varietäten Bergkristall, Amethyst und Rosenquarz sowie grünem Quarz in Kenia vertreten. **Amethyst** wird in der Gegend von Mbooni im Machakos-Distrikt in guter Qualität gewonnen. Geringwertiges Material kommt nahe Tsavo, in Westpokot, westlich des Lake Turkana und in den Taita Hills vor.
Bergkristall wird an vielen Stellen beobachtet, er wurde bei Tseikuru, Nord-Kitui in Pegmatiten abgebaut.
Rosenquarz wurde aus einem Pegmatit nahe Tsavo gewonnen.
Grüner Quarz ist bekannt von Kajiado und Mukogodo (Loldoika Hills).
Achat (auch auf der Abb. der Briefmarken zu sehen) tritt in der Laburr-Kette im Nordwesten des Lake Turkana, bei Manonyi in den Taita Hills, bei Baringo und in der Nähe von Garissa auf.

Sillimanit ist ein Aluminiumsilikat und ist in Edelsteinqualität sehr selten bekannt geworden, während gemeiner Sillimanit sehr häufig im Grundgebirge z. B. in Sillimanitgneisen zu sehen

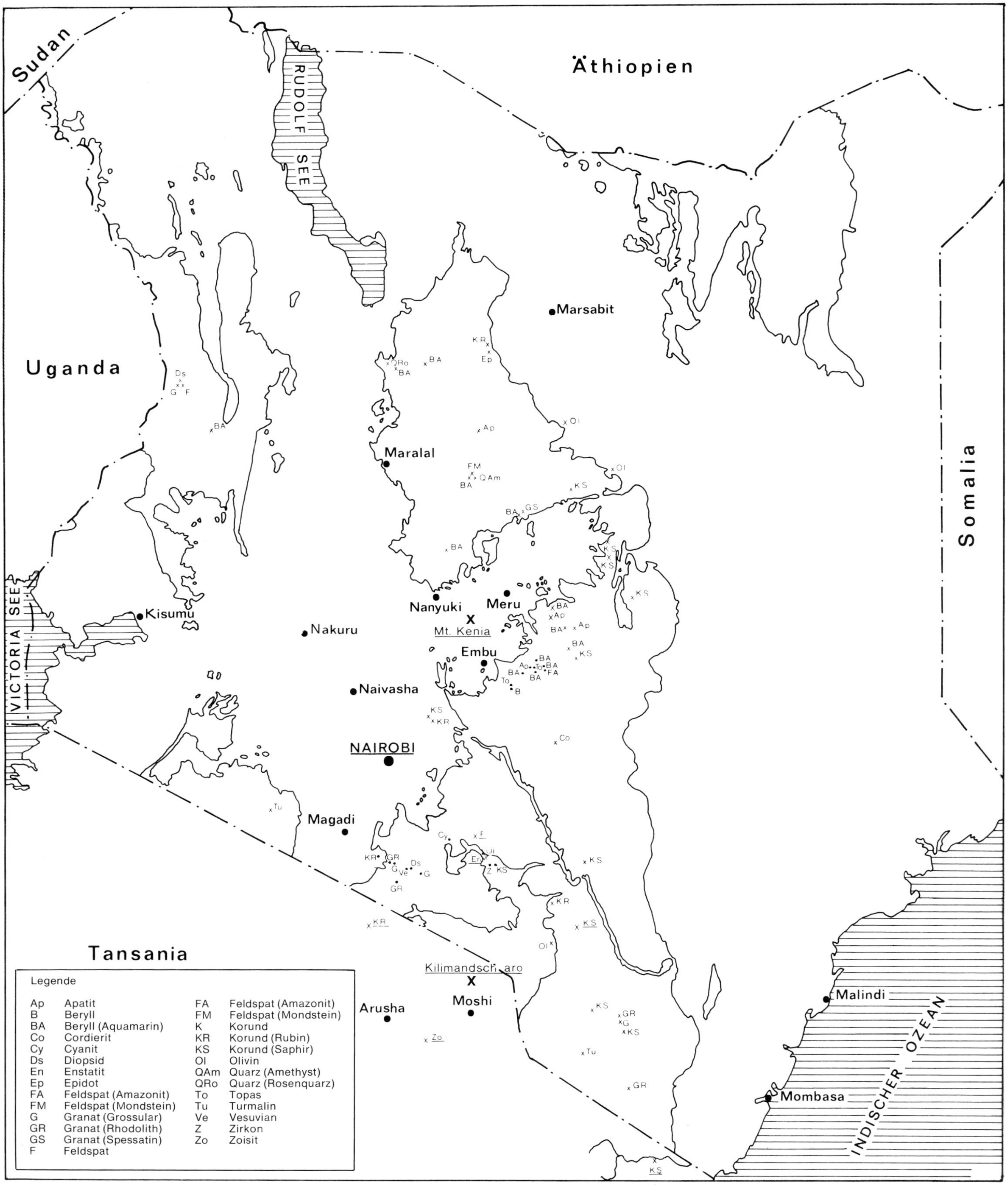

Sudan
RUDOLF SEE
Äthiopien
Marsabit
Uganda
Maralal
Somalia
Kisumu
Nakuru
Nanyuki
Meru
Mt. Kenia
Embu
VICTORIA SEE
Naivasha
NAIROBI
Magadi
Tansania
Kilimandscharo
Moshi
Arusha
Malindi
Mombasa
INDISCHER OZEAN
Legende
Ap Apatit
B Beryll
BA Beryll (Aquamarin)
Co Cordierit
Cy Cyanit
Ds Diopsid
En Enstatit
Ep Epidot
FA Feldspat (Amazonit)
FM Feldspat (Mondstein)
G Granat (Grossular)
GR Granat (Rhodolith)
GS Granat (Spessatin)
F Feldspat
FA Feldspat (Amazonit)
FM Feldspat (Mondstein)
K Korund
KR Korund (Rubin)
KS Korund (Saphir)
Ol Olivin
QAm Quarz (Amethyst)
QRo Quarz (Rosenquarz)
To Topas
Tu Turmalin
Ve Vesuvian
Z Zirkon
Zo Zoisit

ist. Linsen von fast reinem Sillimanit sind nahe dem Losigerichi-Wasserlauf in der Nanyuki-Maralal-Region, südlich der Taita Hills und in der Namanga-Bissel-Region gefunden worden.

Spinell ist ein kubisch kristallisierendes Mineral der chemischen Zusammensetzung Magnesiumaluminiumoxid (Mg O Al_2 O_3), gelegentlich eisen- oder zinkreich (Gahnit genannt).
Blauer Mg-Spinell kommt in kleinen Kristallen in den kristallinen Kalken der Ngorigaishi Hills, 10 Meilen westlich des Lake Amboseli, vor.
Grüner Zinkspinell (Gahnit) ist im Thura River des Embu-Distrikts gefunden worden. Außerdem soll er in der Sebit-Mine in Westpokot an der Paragenese beteiligt sein.

Sphen oder **Titanit,** ein Titansilikat, ist an relativ vielen Lokalitäten, aber nicht in großer Menge und selten schleifwürdig beobachtet worden.

Topas, ein Aluminiumsilikat, das orthorhombisch kristallisiert, kommt farblos zusammen mit Beryll und Amazonit in den Pegmatiten in der Nähe des Thura River, Embu-Distrikt, vor. Zusammen mit Cyanit tritt gelblicher Topas bei Murka in der Taveta-Region im Cyanitgneis auf.

Turmalin, das Aluminium-Bor-Silikat, tritt in seiner unedlen Varietät Schörl sehr häufig auf.
Im Tsavo-Park kommt grüner Chrom-Turmalin zusammen mit Rubin und Cyanit in Gneisen vor.
In der Archer's Post Region findet man in einem Granitpegmatit Turmaline sowie in der Sultan Hamud Area, in der Karasuk-Region. In Westkenia gibt es Turmalinvorkommen in den Quarzadern der Nyanzian-Goldfelder.
Aus dem Narok-Distrikt sollen Turmaline rötlicher Farbe stammen, die hohe Licht- und Doppelbrechung besitzen.

Das Natrium-Fluorid **Villiaumit** wird am Lake Magadi gewonnen, und zwar farblos, ganz selten schleifwürdig.

Zirkon ist ein tetragonales Zirkonsilikat und kommt in Kenia primär in den Shimba Grits vor. Sekundär ist er angereichert in den Schwermineralseifen an der Küste in den Sanden von Ngomeni nahe Malindi zusammen mit Ilmenit, Magnetit und Rutil. Vom Tiva River in der Kitui-Region und von den Flußsanden des Kaamasai Estate nahe Songhor werden ebenfalls Funde von Zirkon gemeldet.

Zoisit ist ein Calcium-Aluminium-Silikat und in schleifwürdiger Form (durchscheinend) erst seit 1954 und durchsichtig facettierbar erst seit 1967 aus dem Nachbarland Tansania bekannt, daher in Edelsteinqualität Tansanit genannt. In der V-Grossular-Mine in Lualenyi, Kenia, wurden Zoisite beobachtet.

Zusammenfassend kann man sagen, daß Kenia auf Grund seines geologischen Aufbaus und seiner petrographischen Zusammensetzung reich ist an Mineralien und darunter an Edelsteinen. Von diesen sind bisher besonders kommerziell interessant Rubin- und Vanadiumchromgrossular neben Saphir-, Aquamarin- und Rhodolith-Vorkommen.

Fotografen und Bildstellen

Die Bildvorlagen verdanken wir folgenden Fotografen und Bildstellen:

Prof. Dr. Hermann Bank, 167 rechts oben, rechts unten und links unten

Max Clara, 156, 157

Bruce Coleman, 12 unten, 23, 28, 41, 47, 48/49, 52, 53, 55, 56, 62/63, 73, 77, 90 oben, 90 unten, 94 unten, 99, 110/111 unten

Klaus C. Drabert, 160 unten

Andreas Erhard, 9, 12 oben, 18/19, 29, 42, 43, 50, 136

Heinrich Harrer, 95 unten, 163 oben und unten

Olof Hedberg, 128/129

Hella Heintschel, 101, 118

Gerhard Kalden, 58, 97, rückwärtiges Umschlagbild

Helga Knödler, 87 oben, 87 unten, 110 links

Hermann König, 72

Herbert Pawlowski, 167 oben links

Olaf Pawlowski, 59, 76

Albert Rastl, 104

Susanne Schapowalow, 44 oben, 44 unten, 45, 46 unten, 98, 100, 103 unten, 106/107, 111 unten rechts

Hans Senger, 22, 80, 82 oben, 83, 86, 102, 103 oben, 110/111 oben, 114/115, 120

Kuno Sch. Steuben, 160 oben

Heinz Lothar Stutte, 13, 65, 68, 69, 94/95 oben, 108/109, 112, 113, 116/117, 119, 124/125 oben, 124/125 unten, 130, 132/133, 134, 135 oben, 138/139, 142, 143 oben, 143 unten, 145, 148/149, 152 oben, 152 unten

Herbert Tichy, 16, 25, 32, 46 oben, 51, 54

Günter Wabnig, vorderes Umschlagbild, 82 unten, 91, 105, 131, 135 unten

Josef Wurzenrainer, 121

Die Routenskizze auf Seite 154 wurde von Hubert Niederegger angefertigt.

Sachwortregister

Die halbfetten Ziffern weisen auf Abbildungen hin.

Aberdare County Club 84
Aberdare Lord 141
Aberdares 60, 78, 91, 127, 137, 141
Aberdare N. P. 81, 84
Achat 165, 169
Adamson-Camp (Khora N. R.) 88
Adamson George und Joy 7, 11, 15, 17, 20, 21, 24, 31, 32, **32**, 33, 34
Adamson Terence 14, 15, 17
Aeberli Siegfried 150
Affenbrotbaum (Baobab), **Umschlag** 79, 123, **131**, **140**
Afrikanischer Grabenbruch 35
Afriziden 165
Akazien 79, 84, 85, 123, 127, **140**, 144
Al Hasan Ibn Ali 37
Almandine 166
Amazonit 165, 166, 171
Amboseli-Reservat →Masai Amboseli N. R.
Amboselisee (Lake Amboseli) 85, **90**, 166, 169, 171
Amboseli-Serena-Lodge 85
Amboseli-Zeltlager 85
Amethyst 165, 169
Amphibolithen 168
Antilopen 79, 81, 84, 85, 92, **106**, **107**, **108**, **109**
Anubis-Pavian 84
Apatit 165, 166, 169
Aquamarin 165, 166, 171
Arawole N. R. 88
Archer's Post (Region) 85, 171
Arc the, 84
Archer's Post 166
Aruba-Lodge 81
Athi (River) 36, 79, 85
Äthiopien 10, 20, 30, 31, 35, 56, 93, 162
Aufsitzerpflanzen (Epiphyten) 127
Australopithecus robustus 163
Austrian Hut (hütte) 81, 147, 150, 153, **154**
Bahari Club 161
Bambus 140
Bananenstauden 127, **140**
Bantu 36, 37, 38, 126, 146
Baobab (Affenbrotbaum), **Umschlag** 79, 123, **131**, **140**
Baracuda 161
Baragoi-Region 166
Barega 161
Baringo 169
Baringo-See 35, 84, 122
Barsche **156**, **157**, 158, 161
Basement Complex 165, **167**
Batian 147, 150, 151, **152**, 154
Baumeuphorbie 84, **140**
Baumheide 140
Baumlobelien →Lobelien
Baumsavanne 79, 81
Baum- und Buschschliefer 84
Baumwolle 144, 146
Bergkristall 169
Bergmann Horst 155
Bergregenwald 81, 84
Beryll (Rosaberyll) 165, 166, 171
Bleiglanz 165
Bogoriasee 122
Bogoria-See N. P. 84
Bohnen 127
Boji Hill 168
Bongo-Antilope 81, 84
Boni 35, 88
Boni N. R. 88
Bonito 161
Boran(a) **16**, 37, **52**, **53**, 61, 75, 123
Borassuspalme 123, **140**
Breitlaubwälder 127
Breitmaulnashorn 78, 81
Buffalo-Springs-Lodge 88
Büffel, afrikanischer →Kaffernbüffel
Burchell-Zebra 81, 85, 88, 92
Buschbock 81, 84, 85
Buschmanoide 35, 36
Bwana 10
Cameron U. 150
Carrol C. 150
Cashewnüsse 146
Chalbi 122
Cherangani-Hügel **50**, 166
Chromgrossular 168
Chyulu-Wildschutzgebiet 79
Cliff B. 150
Cyanit 165, 166, 169, 171
Dattelpalme 79
Delamere, Lord 40, 60
Deutsch-Ostafrika 35, 57
Deutsche Ostafrikagesellschaft 39
Dhaus (engl. Dhows) 38, **135**
Diademseeigel 158
Diani-Strand **138/139**
Dikdik 84, 88, **110**
Disthen 168
Dodari N. R. 88
Doldol 168
Dolfin 161
Dornbuschsavanne 122
Dorobo 36
Dubois E. 162
Ducker 81, 85
Dumpalme 79
East Rudolf National Park 88
Elefant 11, 14, 15, 17, 20, 75, 78, 79, 81, **82**, **83**, 84, 85, **87**, **90**, 92, 151
Elefantenfriedhöfe 11
Elementeitasee 122
Elen-Antilope (Eland) 79, 81, 85, 92, **108/109**
Elisabeth II 60
El-Molo **22**, **23**, 24, 26
El-Molo-Bay **23**
Elsa (Löwin) 7, 31, 32, **32**, 33, 34
Emali 169
Embu 37, 57, 88, 165, 171
Emir Ali Bei 38
Engelsfisch, Blauer **157**
Enkangs (Lehmhütten) 126
Enten 84
Epidot 165, 166
Epiphyten (Aufsitzerpflanzen) 127
Esel 126
Euphorbien 127, 144
Ewaso-Ngiro(-River) 85, **91**, 123
Feldspat 165, 166
Felszeichnungen 35
Ferguson-Golf 26, 27, **28**, **29**, 30
Feuchtwälder 127
Feuerkoralle 159
Fingerhirse 144
Firmin H. 150
Firmin Tower 155
Fischer, Fischerei 78, 144, **145**
Flamingos 30, 84, **114/115**
Fleckenhyäne (Tüpfelhyäne) 88, **103**
Flötenakazie 123, 144
Flußpferd 78, 79, 81, 85, 88, **94/95**
Flußspat 165
Fort Jesu(s) 38, **142**
Fuchs Vivian 20, 21, 24
Gabbra 37
Gahnit 171
Galaba 30, 31
Galana-River 81
Galana-Sabaki 79
Galla 39, **56**, 123
Gänsegeier **103**
Game Reserve 75
Game and Wildlife Conservation Department, Ministry for Tourism and Wildlife 75
Garba Tula 88, 166, 168, 169
Garissa 88, 93, 169
Gaylussit 165, 166
Gedi **132/133**
Geier 11, 121, **103**
Gelbrindakazien 84
Gendarm 147, 150, 153
Gepard 78, 81, 85, 88, **100**, **102**
Gerenuk (Giraffen-Gazelle) 81, 85, 92, **110/111**
Geysire 84
Gikuyu 36
Gilgil 35
Gips 165
Giraffe **76**, 79, **80**, 85, 88, 92
Giraffen-Gazelle (Gerenuk) 81, 85, 92, **110/111**
Girjama **58**
Gnu 79, 85, 92, **99**, **100**, **101**
Gorillas 14
Granat 165, 166, 168
Grant-Gazelle 79, 85, 92
Gregory J. W. 147
Grevy-Zebra 81, 85, 88, 92
Griffelseeigel 158
Grossular 165
Grzimek 34
Gurreh 37
Haarsterne 158
Hackbauern 144

Haie 157, 159, **160,** 161
Haim Werner 155
Harrer Heinrich 163
Hartebeest (Kuhantilope) 92
Hasting Jim 155
Heidekrautgewächse 140, 151
Helgolandvertrag 39
Heliodor 166
Helli Franz 151, 153
Herzl Theodor 39, 40
Höhnel von 20
Holz, versteinertes 165
Homa-Bay **42, 124/125**
Homo habilis 162
Hotel Bahari Beach 159
Hotel Club Baobab 159
Hotel Dolphin 159
Hotel Ras Kitau 159
Hotel Silver Beach 159
Hotel Turtle Bay 159
Hotel Watamu 159
Huebner Paul 40
Hülsenfrüchte 127, 144
Hunters Hartebeest 92
Hyäne 11, 88, **103**
Hyänenhund 85, 88
Hyrax→Klippschliefer
Ilmenit 171
Impala 79, 81, 85, 92, **107**
Imperial British East African Company 39
Inder 34, 57
Indischer Ozean 34, 36, 37, 38, 79, 84, 88, 93, 141, **145,** 146, 158
Insel der Wiederkehr 20
Isiolo 15, 17, 33, 85, 88
Isiolo-Buffalo-Springs N. R. 85, 88
Islam 37, **73**
Island Camp 84
Izaak Walton Inn 88
Jaima-Moschee, Nairobi **72, 73**
Jampi ya K. AR 81
Jubafluß 37
Judmaier Dr. Gert 154, 155
Juwelenbarsch **157**
Kaamasai Estate 171
KADU (Kenya African Democratic Union) 60
Kaffee(-stauden) 127, **140,** 144
Kaffernbüffel (Afrikanischer Büffel) 79, 81, 84, 85, **87,** 88, 92, 151
Kaisut 122
Kajiado 85, 166, 169
Kakamega 127, 144
Kalebassen **41**
Kalenjin 146
Kalo 166
Kamau wa Ngengi 57
Kambe(a) 36, 37, **41,** 66, 126, 144
Kamel **46,** 123
Kamerun 36
Kamihütte (Hut) 81, 150, 151, 155
Kanandusi 35
Kandelabereuphorbie 144
KANU (Kenya African National Union) 60
Karakal 78
Karasuk-Region 171
Karatina **59,** 81, 85
Karissia Hills 168
Kartoffeln 127
Kassava 146
Kattwinkel Professor 35
Kaurischnecken 38
Kavirondogolf 144
Keekorok 85
Keekorok-Lodge 85
Kenia-Kuhantilope 81
Keniapithecus 162
Kennaway Noel 10, 20, 21, 26, 27, 30, 31
Kenyatta Jomo 34, 36, 57, 60, 61, 66, 67, **69,** 74, 147, 162
Kenyatta-Konferenzzentrum **69**
Kere-Nyaga (Kirinyaga) 36, 61, 151
Kericho 144
Keriotal 127
Khora N. R. 88
Kibwezi 81
Kiinyaa 39
Kijabe 85
Kikuyu 8, 36, 37, 57, 60, 61, **62/63,** 66, 67, 70, 127, 137, 144, 147, 151, 153
Kilaguni-Lodge 81
Kilifi-Creek **135,** 146
Kilifi(-Bucht) 38, 161
Kilimandscharo 35, 39, 57, **77,** 85
Kilindini-Road **135**
Kilwa 38
Kinangop 141
Kingfisch 161
Kinyiki Hill 168
Kirinyaga →Kere-Nyaga
Kisii 37, 57, 126, 144
Kissenseestern 159
Kisumu (früher Port Florence) 40, 93, 144
Kitale 127
Kitani-Lodge 81
Kitengela-Wildschutzgebiet 79
Kitui **41,** 123, 126, 141, 147, 169, 171
Klarwill's Hut 81
Klier Dr. H. 150
Klippschliefer 81, 151, 153
Klippspringer 84, 88
Kobras 21
Kokosnüsse, Kokospalme **140,** 146
Komolo 168
Kongoni 79
Korallen 158
Korallenfische **156,** 158, 159
Korallenriff 161
Korallenwels 159
Kormorane **113**
Kornerupin 165, 168, 169
Korund (Edelkorund) 165, 168
Krapf Johann Ludwig 39, 141, 147
Krokodil 21, 24, 27, 34, 78, 81, 88, **90**
Kronenkranich **120**
Kubi 166
Kubi Kalo 168
Kudu (kleiner) 81, 92
Kudu (großer) 85
Kugelfische 158
Kuh, Rinder 123, 126
Kuhantilope (Hartebeest) 92
Kuschiten (Kuschistisch) 35, 36, 37, **46,** 75
Kynadaini 169
Kwale 85
Laburr-Kette 169
Laiban 126
Laikipia County 78
Lake Baringo Lodge 84
Lake Naivasha 169
Lake Magadi 171
Lake Nakuru Lodge 84
Lake Paradise 85
Lamu 37, 38, 39, 40, 48, 88, 93, **136,** 146, 157, 161
Larcher Walter 155
L. u. R. Leakey 35, 162
Leberwurstbaum **140**
Lederseeigel 159
Lemek **9, 12**
Lengaruneni 166
Leopard 11, 78, 79, 81, 84, 85, 88, **97**
Leopard-Rock-Lodge 81
Lepidolith 166
Lesiolo-Gipfel 89
Lettow-Vorbeck 57
Lewisgletscher 141, 147, 153, **154**
Lianen 127
Lobelien (Baumlobelien) 81, 84, **128/129,** 151
Lodosoit 165
Lodware 30
Loiyangalani 20, **23,** 24, 88, 89
Lokwa-Kangole **28**
Loldoika Hills 169
Longai 166
Longalonga 166
Longonoi 122
Lorian 89, 123
Losai N. R. 88
Losigerichi-Wasserlauf 171
Löwe 7, 31, 32, 33, 34, 78, 79, 81, 85, 88, 96/97, **98, 101, 104**
Löwenfarm (von George Adamson) 88
Lualenyi-Ranch **167,** 168, 171
Lugoyo 168
Luhya (Luyia) 36, 37, 144, 146
Luo 36, 37, **42, 43,** 60, 66, **124/125,** 144
Machakos-Distrikt 166, 169
Mackinder Halford J. 141, 147, 150
Mackinder's Camp 81, **148/149,** 150, 151
Mackinderskamin 153, **154**
Madenhacker **86**
Magadi 169
Magadisee 122

Magnetit 171
Mais(-felder) 127, 144, 146
Makrelen 161
Malindi 38, 39, 48, **58,** 71, 79, 84, 141, 145, 146, 157, 159, 161, 171
Malindi-Watamu-Meeres-N. P. 84
Manda 38, 146, 159
Mandera 88
Mango **140,** 146
Mangrovenwälder 146
Maniok 144
Mannbarkeitsriten **9**
Manonyi 169
Mantelpavian **118**
Manyattas 126
Marabu 84, **121**
Marakwet 37, **50,** 57
Maralal 60, 126, 165, 171
Maralal N. R. 88, 89
Maralal Safari Lodge 89
Mara-Reservat → Masai Mara N. R.
Mara-River 85, **94/95**
Mara-Serena-Lodge 85
Margreiter Dr. Raimund 155
Marlin **160,** 161
Marsabit 14, 52, 53, 88, 93
Marsabit-Berge 85
Marsabit-Lodge 85
Marsabit N. R. 85
Masai 8, **9,** 10, **12/13,** 36, 37, 57, 75, 85, 123, 126, 127, 137
Masai-Amboseli-NR. **12/13,** 75, **76, 77,** 85
Masai Mara N. R. 75, **82,** 85, **94/95, 101, 102, 103, 108/109, 124/125**
Maskat 39
Mathara Mtu 150
Mathare Valley 64
Mau-Mau 57, 60, 61, 67, 137
Mbere 37
Mbooni 169
Meerkatzen **119**
Meerschaum 165, 169
Merri-Plateau 169
Meru 37, 81, 88, 127, 166
Meru-Nationalpark 78, 81, **87,** 88
Mfangano-Insel **43**
Mgama Hill 168
Millet (Hirsensorte) 144
Miombo-Trockenwälder 146
Missionen 70, 88, 144
Mnarani-Club 161
Mogadischu 38
Mogotio 84
Mohrenhirse 144
Moi Daniel arap 74
Mombasa 37, 38, 39, 40, 71, 79, 85, 93, 112, **135,** 138, 141, **142,** 146, 157, 159, 161
Moran (Krieger) **12,** 126
Morganit (Rosa-Beryll) 166
Moshi 81
Mt. Elgon 36, 126, 127, 137, 141
Mount Elgon Lodge 84
Mount Elgon N. P. 84
Mt. Kenia 35, 36, 37, 39, 55, 60, 75, 81, 89, 122, 126, 127, **128/129, 130,** 137, 141, 147, **148/149,** 150, 151, **152,** 153, **154**
Mount Kenia Nationalpark 81, 84, 151
Mount Kenya Safari Club Lodge 81
Mt. Kulal **23,** 31
Mountain-Lodge 81
Mozambique 122, 165
Mtito Andei 81
Mugai 36
Mukogodo 169
Mukaa 166
Mukuyu 166
Mulika-Lodge 81
Muranga 88
Murka 171
Muskowit 169
Mwea N. R. 88
Mzima 79
Nachola 166
Nagana (Rinderschlafkrankheit) 78
Nagi 147
Nairobi 34, 40, 57, 60, 64, **65,** 67, **68, 69, 72, 73,** 79, 81, 84, 85, 89, 93, 122, 126, 155, 165
Nairobi-N. P. 79
Naivasha 35, 84, 122
Naivashasee **113, 116/117,** 122, 169
Nakuru 35, 84, 169
Nakurusee **114/115, 119,** 122
Nakurusee N. P. 84, 122
Namanga 85, 166, 171
Namanga-River-Hotel 85
Nandi 37, 57
Nanyuki 81, 85, 127, 150, 155, 165, 171
Narok **9,** 85, 123, 171
Naro-Moru(-Route) 81
Naro-Moru-Riverlodge 150, 151
Nashorn 75, 78, 79, 81, **82,** 84, 85, **86,** 88, 92
Nationalparks 71, 75, 78, 79
Nationalreservate 75, 79, 85
Nelion-Gipfel 147, 150, 151, **152, 154**
Netzgiraffe **80,** 81, 85, 88
Ngomeni 171
Ngong Hills 40, 126
Ngorigaishi Hills 171
Ngulia-Lodge 81
Nil 36
Nilbarsch 123
Niloten 36, 37, 146
Nkondi-Mine 166
Noppenseesterne 158
Nyahuru (früher: Thomson's Fall) 89, 127, 169
Nyambenihügel 126
Nyanzian-Goldfelder 171
Nyanziansystem 144
Nyeri 84, 85
Oasis Safari Lodge 88
Obsidian 165, 169
Ogaden 37
Ohrengeier **103**
Ol Doinyo Sapuk N. O. 84
Oldonyo La Satima 141
Oldoway-Menschen 35, 162
Oldoway-Schlucht (Olduvai) 35
Olioklas 166
Olivin 165, 169
Ol-Tukai-Lodge 85
Ölz Dr. Oswald 154
Oman 38, 39
Omo 30
Opal 165, 169
Orma 37
Oryxantilope 81, 85, 92
Ostafrikanischer Grabenbruch **18/19,** 122, 126, 162
Outspan-Hotel 84
Palmen 81, 123, **138/139, 140**
Papyrus 79, 84, 144
Pate 37, 38, 146
Pavian 14, 84, **118,** 119
Pelikan 84, **116/117**
Pemba-Channel-Fishing-Club 161
Pembe 39
Pencil cedar 137
Peridot 169
Perthit 166
Petermännchen 159
Pferdeantilope (engl. roan) 85
Pittracher Kurt 155
Point Lenana 153
Pokot 37, 171
Polypen 158
Port Florence (heute Kisumu) 40
Portugiesen 38, 39
Pyrop 166
Quallen 159
Quarz 165, 166, 169
Queensfisch 161
Rabit Hole 153, **154**
Rahole N. R. 88
Rainbowrunner 161
Raphiapalme 79
Rappenantilope 85
Rebmann Jakob 39, 141
Reck Hans 35
Regenwald 151
Reiher 84
Rendille **16,** 24, 37, **44, 45, 46, 54**
Rhinozerus → Nashorn
Rhodolit 168, 171
Rhodonith 165
Rickety-Riss 150, 154
Riedbock 84
Riesengreiskräuter 81
Riesenlobelien 151
Riesenseeanemonen 158
Riesenwaldschwein 81, 84
Riffbarsche 158
Riftvalley 35, 89, 165, 169
Rinderschlafkrankheit (Nagana) 78

Ritueller Tanz 12
Rosaflamingo 84
Rosenquarz 169
Rotfeuerfisch 158, 159
Rubin 165, 166, 168, 171
Rudolf, Kronprinz 20, 122
Rudolfsee→Turkanasee
Rundohrelefant 82
Rutil 171
Sagana State Lodge 81
Sailfisch 161
Salt Lick Lodge 81
Samburu 37, 126
Samburu-R. 37, **51,** 61, **80, 83, 87,** 88, **91, 110/111**
Samburu Game Lodge 88
Saphir 165, 168, 171
Sardinenschwärme 161
Savanne 79, 85, 122, 123, 126, 127
Schanga 38
Schella 38
Schirmakazie 123, **140**
Schirmantilope 84
Schlangen 21
Schlangensterne 158
Schörl 171
Schwarzschwanzgnu 79, 85
Sebit-Mine 166, 171
Secret Valley Lodge 81
Seegraswiesen 158
Seegurken 158
Seesterne 159
Segelfisch **160**
Seidenaffe 81, 84
Sekretär 79
Senecien 151
Sepiolit 169
Serengeti 35, 85
Serval 78, 88
Severin Sea Lodge 159
Shaba N. R. 88
Shimau 159
Shimba-Grits 171
Shimba-Hills-N. R. 85
Shimoni 161
Shipton Eric 150
Shipton-Riss 150, 154
Sillimanit 165, 169, 171
Sirimon-Route 81
Sisal 146
Sklavenhandel 39
Smaragd 166
Solai 127
Somali 37, **47,** 75, 123, 146
Somalia 34, 37, **47,** 61, 88, 93, 165
Somalistrauß 81, 88
Songhor 171
Spessartin 166
Sphen 165, 171
Spinell 165, 171
Spitzenstätter Walter 155
Spitzmaulnashorn 78, 79, 81, 84, 85, **86,** 88, 92
Stachelstern, roter 159
Stanley Henry Morton 141
Steinfische 159
Steppenelefant **82**
Steppenzebra 81
Strauß 79, 81, 88, 92, **110/111**
Straußenfedernlobelien 151
Streifenhyäne 88
Sudan 93
Sultan-Hamud-Region 166, 171
Swaheli, Swahili 36, 37, 38, 39, **48,** 137, **143,** 146
Tansanit 168, 171
Taita 36, 37
Taita-Berge (Taita-Hills) 81, **167,** 168, 169, 171
Tanafluß 35, 37, 39, 40, 81, 88, 123
Tansania 35, 37, 57, 61, **77,** 79, 85, 94/95, 123, 146, 147, 157, 165, 162, 168, 169, 171
Taveta 36, 37, 81, 165, 171
Tee **140,** 144
Teleki Graf 20, 24, 141, 147
Teleki Hut 81, 150
Teleki-Valley **128/129, 148/149,** 151
Termitenhügel **111,** 123
Thika 81, 85, 88
Thomson Joseph 141, 147
Thomson's Falls (heute Nyahuru) 89, 127, 169
Thompson's-Gazelle 79, 85, 92
Thunfische 161
Thurafluß 165, 166, 171
Thuru Harry 57
Tigania 81
Tigerfische 123
Tilapia 123
Tilman H. W. 150
Timau 166
Tinderet-Wald **62/63**
Titanit 171
Tiva River 171
Topas 165, 166, 171
Topi 85, 92
Treetops-Hotel 84
Tremolit 165
Trompetenfische 158
Tsavo-Fluß 79
Tsavo-Gebiet 166, 169, 171
Tsavo-Nationalpark 75, 79, **97, 105,** 168
Tsavorit 168
Tschagga 8
Tschuka 57
Tseikuru 169
Tsetse 78
Tüpfelhyäne (Fleckenhyäne) 88, **103**
Turkana 10, **16, 25,** 27, **28, 29,** 37, 123, 162
Turkanasee (= Rudolfsee) 10, **16, 18/19,** 20, 21, **22, 23,** 26, **31,** 34, 35, **54,** 57, 78, 88, 90, 122, 123, 162, 163, 169
Turmalin (Chrom-Turmalin) 165, 166, 168, 169, 171
Tussockgräser 140
Two Tarn Hut 81
Uganda, Ugandabahn 40, 61, 67, 84, 93, 127, 137, 144, 147
Uhuru 17, 64
Uhuru-Park **69**
Urwaldbiwak 150
Ususu 166
Vanadium-Chrom-Grossular **167,** 168, 171
Vasco da Gama 38
Victoriasee 36, 40, **42,** 78, 93, 122, **124/125,** 141, 144
Villiaumit 165, 171
Voi 81, 169
Voi-Lodge 81
Wahoo 161
Wajir **47,** 88, 93
Wakamba **143**
Walhaie 161
Wananchi 70
Warzenschwein 75, 81, 84, 85, 88, 92
Wasserbock 79, 84, 85, 92, **105**
Watamu 84, **143**
Wat- und Wasservögel 84
Webervögel **112**
Weißschwanzgnu (Wildebeest) 92
Westpokot 168, 169, 171
Wilderei 75
Wildebeest (Weißschwanzgnu) 92
Windspielantilope 85
Witu **48**
Witu-Protektorat 39
Wolfsmilchgewächse 79
Wollkerzengewächs **130**
W'ouse (Whitehouse) 8, 10, 30
Wyn P. Harris 141, 150
Yattaplateau 79
Zackenbarsch **156**
Zebra **76, 77,** 79, 81, 85, 88, 89, 92
Zeburind **54, 55,** 127
Ziege **16,** 123, 126
Zirkon 165, 171
Zoisit 165, 171
Zwergflamingo 84